초보 사장의

특별한맛주식회사 경영기

초보 사장의
특별한맛주식회사 경영기

지현준 지음

사장은 아프다

"30대에 대표 소리 들으니까 좋겠네?"

직장 다니는 친구들을 만나면 부러움 섞인 질문을 듣는다. 커피 마시러 갈 때 상사 눈치 볼 필요 없고, 마음대로 휴가를 쓰고, 회사 가기 싫은 날은 안 가도 되는 자기만의 사장님 상을 마음껏 펼쳐 놓는다. 그들의 상상력이 고갈될 때쯤 내가 겪고 있는 이야기를 들려주면 친구들은 "그냥 회사 다니는 게 낫겠네. 현준아, 힘내라."하며 어깨를 토닥여준다.

나는 책을 쓰기로 결심했다. 글을 잘 써서도 아니고, 책 팔아서 돈을 벌 생각은 더더욱 아니다. 동화 속 등장인물이 '임금님 귀는 당나귀 귀!'라고 외쳤듯이, 나도 쏟아내야 할 이야기가 있었다. 사장으로서 겪었던 수많은 아픔이 그것이다. 아픔이 한껏 차올랐을 땐 글을 쓰기가 버거웠다. 고통이 가라앉고 나서야 비로소 책을 쓸 기회를 얻었다.

이 책은 특별한맛주식회사라는 특별한 회사를 경영하게 된 별 볼 일 없는 사장의 이야기다. 특별한맛주식회사는 60년을 이어온 고추장 된장 회사다. 젊은 사장들은 야심 차게 IT 혹은 요식업계에 뛰어들지만, 나는 모두가 기피하는 식품 제조업, 그 가운데서도 사양산업으로 꼽히는 장류 제조업에 뛰어들었다. 30대에 이런 회사를 운영해 본 사람이 얼마나 있을까? 특별한맛주식회사에서 겪은 고군분투의 시간을 나 한 사람만 기억하기엔 아쉬움이 남았다.

특별한맛주식회사에 몸담은 사람은 이곳에 온 계기도 목적도 다르다. 나는 사장으로서 이들과 함께, 작지만 특별한 이야기를 써왔다. 고추장 된장을 만드는 장류 회사의 서바이벌 이야기는 마치 빙하기를 맞이하는 공룡의 생존기처럼 답이 없는 상황의 연속이었다. 우리 이야기는 재벌 3세의 대단한 성공 이야기가 아니라 인간 냄새 물씬 풍기는 '전원일기'나 '대추나무 사랑걸렸네' 같은 80~90년대 연속극에 가깝다. 힘겹다가도 웃고, 웃다가도 우는 날이 특별한맛주식회사를 관통하는 스토리다. 어디서나 볼 수 있는 맵고 짜고 달콤한 이야기 말이다.

내가 공장을 꾸리며 아웅다웅 사는 동안 세상은 변했다. 사람들은 TV 대신 Youtube를 시청하고, 영화관에 가지 않고 집에서 Netflix를 이용한다. Facebook이 저물고 Instagram이 대세다. 지난 10년 동안 고추장의 위상이 바뀌었고, 나의 인생도 그랬다.

책을 읽으며 나의 어쭙잖음 때문에 '이 인간은 왜 이것밖에 안 되나?' 하며 불편을 느끼는 독자도 있을 수 있다. 하지만 겁 많고 상처 많은 사람이 뼛속까지 내려가 솔직하게 쓴 글을 읽으며, 힘든 터널을 통과하는 이들이 위로 받았으면 한다. 이런 책이라면 나처럼 좌충우돌하며 힘

겨워하는 초보 사장님에게 힘이 되지 않을까? 못나고, 못하고, 모자란 사장의 모습에서 '이 사람이 했는데, 나라고 못할까? 다시 한번 부딪혀 보자!'라고 마음을 다잡는 사람이 한 사람이라도 있으면 좋겠다.

책은 크게 네 부분으로 이루어진다. 첫 번째 파트는 사업자를 등록하고 고추장 제조 공장을 신축해서 생산 설비가 제대로 돌아가기까지의 지난한 과정을 담았다. 가업을 있게 된 개인적인 배경과 얼마나 사장에 적합하지 않은 인물이 사장 노릇을 하게 되었는지에 대해 이야기했다. 두 번째 파트는 제품 개발과 홍보, 판로 개척과 재정에 관한 내용이다. 정부 지원 사업의 기회를 얻어 신제품을 개발하고 플리마켓, 온라인, 백화점, 박람회, 해외시장까지 진출한 이야기를 담았다. 초보 사장으로서 알려주고 싶은 돈에 대한 조언도 추가했다. 세 번째 파트는 사업을 하면서 만난 사람들에 대한 이야기다. 애증의 동업자이자 반려인인 아내, 보석 같은 회사의 동료들, 잊을 수 없는 귀인들을 소개했다. 사업을 하면서 돈 만큼 어려운 게 사람 관계다. 나의 경험이 다른 사장님들에게 도움이 되면 좋겠다. 책을 읽는 사람은 같은 실수는 되풀이하지 않기를, 설사 실수했더라도 모두 같은 실수를 한다는 사실에 위안받기를 바란다. 사업이든 개인의 인생이든 결국 사람의 일이라는 사실을 이야기하고 싶었다. 마지막 네 번째 파트는 사장이라는 역할에 대한 내용이다. 사업은 혼자 하는 게 아니지만 사장만이 할 수 있는 일, 사장만이 해야 하는 일, 사장이 져야 하는 책임이 있다. 사장에게 꼭 필요한 것들에 관해 이야기해 보았다.

언젠가 책을 쓰면 이런 감사의 말을 꼭 적고 싶었다. 사랑하는 나의 아내 아름, 첫째 유안, 둘째 유성, 셋째 유영이, 그리고 부족한 사장과 함께해준 회사 동료들, 특별히 양 반장님께 이 책을 바친다.

[목차]

Part 2

만들고 알리고 팔고 더 잘 만들기

청년창업사관학교 입교　　　　　　　83

회사의 모든 일을 챙기는 전천후 전문가들

Part 4
사장으로 산다는 것

Part 1

나의 일터, 고추장 공장

회사의 탄생 : 공장 짓다 사장 잡네

아무것도 모르는 채로 공장 설립에 뛰어들었다. 위생과 안전을 깐깐하게 따져 식품 제조 시설을 짓는 일 자체도 어려운데, 가진 돈과 경험도 부족했다. 우여곡절 끝에 대출을 받고 입지를 마련하고 산을 깎아 공장을 지었다. 3~4개월 동안 집을 지어도 10년이 늙는다고 하는데, 무려 18개월 동안 고추장 공장을 지었다. 끝나지 않을 것 같은 시간을 견디고 드디어 공장을 가동하자 기계가 자꾸 멈췄다. 고치고 바꾸고 다시 하고, 6개월이 지나서야 겨우 생산 라인은 안정되었다.

1년 반을 기다려 가까스로 출산

특별한맛주식회사(이하 특별한맛)에는 중요한 날짜가 두 개 있다. 사업자등록증을 낸 2017년 8월 30일과 공장 가동을 시작한 2019년 3월 1일이다. 엄마가 10달 동안 아기를 품은 뒤 몸에서 몸을 분리하는 통증을 겪듯이, 나는 18개월 동안 특별한맛을 잉태했다가 말 못 할 해산의 고통을 겪었다. 첫 출산을 하는 엄마가 의료진의 돌봄 없이 아기를 낳고, 직접 탯줄을 끊고, 벌떡 일어나 신생아를 씻긴다고 하면 믿을 사람이 없을 것이다. 그만큼 위험한 일이기 때문이다. 초보 사장이었던 나는 주변 도움 없이 특별한맛주식회사의 공장 설립이라는 첫 출산을 혼자 감당했다.

받기도 쓰기도 어려운 대출금

나는 일의 규모를 알지 못한 채, 공장 신축에 뛰어들었다. 그것은 산비탈을 깎아 평지로 다듬은 후 파리 한 마리 들어올 수 없는 식품 제조 시설을 짓는 일이었다. 가장 먼저 대출 상담을 받았다. '뭘 믿고 당신에게 돈을 빌려줘야 하나?'는 은행 직원의 태도는 나의 자존감을 갉아먹었다. 대출이라는 게 결국 비용을 내고 금융 서비스를 받는 것인데, 나는 잠재적 이용자가 되려고 은행 문턱을 넘을 때마다 극도로 긴장했다. 돈을 빌려달라는 말을 꺼내려면 심장이 벌렁벌렁하다 못해 튀어나올 것 같았다. 안 가본 데 없이 돌아다닌 끝에 중소기업 전용 정책 금융기관인 신용보증기금에서 첫 대출을 받았다.

여러 번의 대출 거절과 한 번의 승인 후, 나는 조금 대범해지기로 했다. 더 큰돈을 구하려고 중소기업진흥공단(2019년에 중소벤처기업진흥공단으로 변경)을 찾아갔다. 자금을 받는 데 가장 중요한 것은 타이밍이다. 나라 곳간에 돈이 있을 때 찾아가야 하는데, 내가 갈 때는 번번이 자금 고갈로 대출이 어렵다는 답변을 들었다. 돈을 구할 수 있을지 없을지 모르는 상황에서 공장을 준비하는 것은 이치에 맞지 않았고, 그렇다고 하루하루 버티며 1년을 기다리기에는 피가 다 마를 것 같았다. 몇 달간 마음을 졸이며 방법을 찾던 중, 운 좋게도 추경이 편성되었다는 소식을 들었다. 나는 그렇게 공단에서 20억 원을 대출받았다.

내가 공단에서 받은 대출금은 시설자금으로, 공장을

짓는 데에만 쓸 수 있고 땅 구입과 토목 공사에는 사용할 수 없다. 하지만 나는 건물을 지을 땅이 없었다. 이 문제를 해결해야 본 게임이 시작되는 것이다. 미리 신용으로 받아 둔 대출금에 돈을 보태서 땅을 사기로 했다. 이미 대출 프로그램이 있는 기관은 두들겨 보았으니, 남은 것은 사적 네트워크뿐이었다.

처음 공장 신축이라는 의견을 냈을 때 나의 부모, 형제, 친척들은 우려를 표했다. 무모한 결정이라며 결사반대했다. 그럼에도 공장용지 마련에 필요한 돈을 구하기 위해 내가 가장 먼저 상의한 사람들은 가족이었다. 돈을 빌려줄 사람이 있는지도 관건이지만, 가족 간에 큰돈이 왔다 갔다 하면 세무 조사가 나올 수도 있어 조심스러울 수밖에 없다. 다행히 나는 가장 가까운 사람이면서 서류상으로는 가족이 아닌 새어머니께 돈을 빌려 부족한 땅 구입비를 마련했다. 특별한맛주식회사가 들어설 곳은 경기도 여주시 천서리로 정했다.

공장 밑 땅속 사정

공장을 지으려면 공장설립 허가를 받아야 한다. 특히

우리처럼 물을 사용하는 공장은 폐수처리 문제가 있어 복잡한 절차를 밟아야 한다. 업체에 폐수처리시설이 있으면 특수한 방법으로 약품을 보관해야 하고, 담당자는 점점 까다롭게 바뀌는 환경법률을 숙지해야 한다. 우리처럼 작은 회사에서 이런 일을 하는 것은 불가능에 가깝다. 이 문제를 피해 가려고 인프라가 잘 되어 있는 산업단지에 들어갈 수도 있다. 하지만 산업단지는 가격이 비싸고 거주지와 멀어서 직원을 구하기 어렵다. 개별공장 용지에 공장을 짓기로 한 이상 폐수처리시설은 필수다.

폐수처리시설을 두고 해답을 찾던 어느 날이었다. 토목 설계를 위해서 공장 부지를 돌아다니고 있는데, 길바닥에 있는 맨홀 뚜껑이 눈에 들어왔다. 오수관이라고 쓰여 있는 관은 부지 뒤편에 있는 축사로 연결되어 있었다. 혹시나 해서 여주시 상하수도 관리과에 찾아갔다. 설명을 들어보니 원래 특별한맛 공장 예정 부지 인근에는 하수처리 시설이 없었는데, 지난 몇 년간 천서리막국수촌을 찾는 관광객이 늘어서 하수종말처리장이 들어섰다는 이야기였다. 새로 구축한 시설과 연결된 관이 바로 공장용지 앞으로 지나갔다. 이렇게 절묘한 위치라니! '하나님 감사합니다!'라는 기도가 저절로 나왔다. 근처 맛집의 성공 덕분에 반사이익을 누리게 된 우리는 별도의 처리시설을 구축할 필요 없이 바로 하수종말처리시설로 폐수를 배출할 수 있게 되었다.

운과 시기가 맞았던 까닭에 폐수처리시설에 들어갈 목돈을 절약할 수 있었던 것과는 다르게, 입지 때문에 설립 허가를 받지 못할 뻔한 일도 있었다. 특별한맛주식회사 뒤로는 신라 시대 유적지인 파사성이 있고, 옆으로는 남한강이 흐른다. 혹자는 경관 좋은 곳에서 사업을 하니 좋겠다고 덕담하지만, 아무것도 모르고 하는 말이다. 남한강 변에서 1km까지는 수변 구역이고, 파사성에서 500m까지는 문화재보호구역이다. 지리적으로나 역사적으로 공장이 들어설 수 없는 곳이다. 특별한맛 공장 입지는 남한강으로부터 1km 떨어진 선과 서편 외곽이 맞닿아 있고, 파사성에서 500m 거리의 선과 북쪽 외곽이 맞닿아 있다. 공장설립 불가 지역을 아슬아슬하게 비껴간 것이다. 지금보다 조금이라도 성 또는 강에 가까운 땅을 샀더라면, 큰 손해를 볼 뻔했다. 공장 인허가 세부 사항을 다 알지 못했던 내가 이처럼 큰 난관을 피한 것은 기적이나 다름없다.

공장 뒤 이웃 사정

　공장 설립에 필요한 법적인 문제를 해결했다고 한숨 돌릴 즈음, 공장 뒤편에서 축사를 운영하는 사람의 전화를 받았다. 공장 터에서 벌목하며 튄 나뭇가지가 자신의 소나무 위로 떨어진다는 내용이었다. 피해가 막심하다는 말의 진의를 파악하고, 절충안을 찾기 위해 선물을 들고 찾아갔다. 그는 나를 보더니 예전에 어떤 사람이 축사 악취로 시청에 민원을 제기했길래, 낫을 들고 민원인을 찾아갔다는 일화를 들려주었다. 자신의 심기를 건드린 사람은 성치 못할 거라며 엄포를 놓는데, 마치 추가 피해가 있으면 낫을 들고 내 앞에 나타나겠다는 말로 들렸다.

　하지만 이야기를 더 들어보니 소나무는 핑계였고, 속내는 따로 있었다. 축사로 가는 진입로가 우리 공장 부지를 통과하는데, 길이 막히면 일을 할 수 없으니 선처 바란다고 말하고 싶은 거였다. 부탁하면서 '나에게 손해를 끼치면 가만히 있지 않겠다'고 거칠게 표현하는 사람이니, 반대로 내가 그에게 협조를 구하는 상황이 생기면 얼마나 막무가내일지 상상하기도 싫었다.

　나는 공장 설립에 매진하느라 애당초 길 막는 것에는

신경을 쓰지 않았기에, 이후로는 그와 시비를 가릴 일이 없었다. 사람 사는 데는 어디나 분란이 있을 수 있겠지만, 우리처럼 한적한 동네에 공장을 지을 때도 이웃과 척지지 않는 게 중요한 숙제다. 이 일을 경험하고 나니 넉넉한 시골 인심을 기대했다가 텃세로 괴로워하는 귀촌인 이야기가 현실로 다가왔다.

산은 땅이요, 땅은 산이로다

공장을 세울 자금을 빌리고, 땅을 살 돈을 구하고, 적절한 부지를 고르고, 이웃과 분쟁도 피했으니, 모든 준비가 끝났다. 이제 땅을 다지는 일부터 하면 된다. 평평한 부지를 만들기 위해서는 산을 깎아야 하는데, 산에서 나온 흙을 처리하는 비용이 1억 원이라고 했다. 눈앞이 캄캄했다. 산을 최대한 덜 깎으려고 토목 설계를 바꾸었더니, 이번엔 공장 부지가 좁아졌다. 건물이 산비탈에 앉게 될 형국이었다. 게다가 설계 변경은 다시 허가를 받아야 해서 3개월을 허비했다.

간신히 주변 상황을 진압하고 산을 헐기 시작했는데 예상과 다른 일이 벌어졌다. 여주시 몇몇 농가에서 흙을 가져가겠다고 나선 것이다. 심지어 산에서 나온 흙의 상태가 매우 좋다며 돈을 주고 사겠다는 이도 있었다. 흙을 처리하는 비용이 줄기만 해도 감사한 일이라고 생각했던 나는 산을 제거하며 수입이 생길 수 있다는 점을 간과했다. 얼마 후, 산 하나에서 나온 흙이 눈앞에서 사라졌고 넓은 공장 부지를 확보할 수 있었다.

산을 깎는 데에도 몇 가지 절차를 밟아야 했다. 시청 산림과에 가서 벌목 신고를 하고, 벌목할 사람을 찾고, 베어낸 나무를 처리할 업체를 알아봤다. 벌목 역시 돈이 드는데, 주변에 땔감이 필요한 어르신이 직접 나무를 잘라서 운반하겠다고 하여 비용을 줄였다.

대부분의 나무는 없어질 대상이지만, 산 중간중간에 수형이 멋진 소나무가 자라고 있었다. 소나무를 보존하는 일이 공장 설립에 꼭 필요한 일은 아니지만, 나는 나무를 옮겨심기로 했다. 언젠가 잘 자란 소나무를 좋은 가격에 골프장에 팔 수 있다는 소문을 들은 기억이 있어서, 혹시나 내게도 그런 제안이 올까 싶어서였다. 물론 지금까지 나무를 사겠다는 문의는 없었고, 그사이 팔겠다는 마음도 사라졌다. 문득 병풍처럼 아늑하게 공장을 두르고 있는 소나무를 보면 그때 그런 결정을 하길 잘했다 싶다.

비록 비싼 이전 비용 때문에 조경 업체와 설전을 치르긴
했지만 말이다.

토목, 무엇을 상상하던 그 이상

사업을 하기 전까지 산을 개간하고 도로를 내는 토목
분야는 나랏일이라고 생각했다. 하지만 공장을 지으려고
뛰어들었더니 내가 산을 개간하고 있었다. 토목 작업은
상상력이 필요하다. 산이 사라진 자리에 평지가 나타나
는 그림을 그려본 적이 없는 사람은 그런 규모의 공사가
가능한지조차 가늠할 수 없다. 토목과 관련한 업무를 하
다 보면 땅의 높이는 어떻게 할지, 물은 어느 방향으로 흐
르게 할지, 진입로 넓이를 얼마로 할지 정하고 그려야 한
다. 어릴 때 8절 도화지 한 장 채우기도 힘들어서 바탕을
대충대충 마무리했는데, 이번에는 2,000평의 3D입체 도
면을 그려야 했다. 무슨 결정을 하는지도 모른 채 내가 내
린 결정에 책임을 져야 했다.

무조건 예쁜 지붕으로

토목이 기반을 다지고 굵직한 계획을 세우는 일이라면 건축은 아름다움과 직결된 문제다. 나에게는 눈에 보이는 것, 외관이 중요하다. 집이 아니라 공장을 짓는 중이라는 걸 알면서도, 화장실 변기와 타일에 무척 신경이 쓰였다. 그렇게 하지 않으려고 노력해도 어느새 세세한 결정을 내리는 데 시간을 들이고 있었다. 나와 직원들이 깨어 있는 시간의 대부분을 보낼 공간이고, 매일 오가며 봐야 할 건축물이니 가능하면 공장 느낌이 들지 않았으면 싶었다.

우리 공장의 컨셉은 미국 동남부의 드넓은 평지에 있는 빨간색 헛간을 벤치마킹하기로 했다. 정감 있는 헛간 옆 커다란 나무와 잿빛 박공지붕을 떠받치는 빨갛고 하얀 벽, 상상만 해도 즐거웠다. 마침, 우리 공장용지 옆에는 몇백 년 된 느티나무가 있어서 꼭 맞는 건축 자재를 구할 수 있으면 꿈이 현실로 이루어질 것 같았다.

내가 꿈꾸는 외관을 구현하기 위해서 전국을 수소문했다. 별의별 곳을 찾아다닌 고생 끝에 내가 원하던 빨간색 패널 제작처를 찾았다. 공장을 짓는 동안 심미안은 계속

나를 따라다녔다. 돈과 시간을 허비하는 것 같아 자책도 했지만, 그것이 타고난 성향임을 인정하게 되었다. 특별한맛을 처음 방문하는 사람들이 "공장이 참 예쁘네요."라고 하면 발이 닳도록 자재를 찾아다니던 그 시절이 떠오른다.

공사는 복잡, 내 속은 답답

특별한맛은 장류를 만드는 공장이므로 된장 고추장을 숙성하는 대형 탱크가 필요하다. 수직으로 세우기엔 공간이 부족하여 지하에 시설을 갖추기로 했다. 공장 기초 작업에 지하 탱크를 추가하는 것은 어마어마한 규모의 일이다. 높이 4m, 넓이 3m의 탱크 12개를 넣을 지하층을 만들었다. 엄청나게 큰 웅덩이는 나를 압도했다. 발 한 번 삐끗하면 공사장 나락으로 떨어지는 줄 알면서도, 흥분과 두려움으로 뒤섞인 마음이 자꾸만 나를 그곳으로 이끌었다. 하지만 땅을 파자마자 장마가 시작되어 물이 고였다. 빗물이 빠질 때까지 기다렸다가 거푸집을 세웠다. 대형 탱크가 줄지어 있는 지하층은 눈으로 보고도 믿기 어려울 만큼 대단한 광경이었다.

장마가 그치고 무더위가 찾아왔다. 인부들의 짜증은 늘고, 공사는 더디어졌다. 미진한 부분을 더 해달라고 말도 못 붙일 만큼 이미 그들은 뜨거운 태양 아래서 작업을 했다. 어느 업체나 계약 전에는 간도 쓸개도 다 내줄 듯 행동하다가 계약 후 공사를 시작하면 태도를 바꾸었다. 남에게 싫은 소리를 못 하는 나는 업체와 조율하는 것이 무척 힘들었다. 게다가 중간중간 공사를 추가하다 보니, 협조를 구할 일이 잦았다. 나는 돈을 낸 갑이지만 부탁하는 입장이라, 늘 을이 되었다.

현장에서 작은 실수란 없다

산을 깎고, 땅을 파고, 자재를 찾다 보니 시간이 흘러 어느덧 건물의 뼈대와 벽이 생겼다. 이대로 별 탈 없이 공사가 마무리되었으면 좋겠다고 생각하던 차에 문제가 발생했다. 공들여 골랐던 붉은 벽과 흰 벽의 배치가 처음 계획한 것과 달라져 있었다. 시공업체에서 주문을 잘못 넣은 것이다. 나는 며칠간 잠을 설치며 끙끙댔고, 시공사도 어떻게든 수습하려고 애썼다. 결국 원안대로 외벽 재료는 재주문하고 이미 도착한 외벽 재료로 건물 천장 내벽을 마감하기로 했다.

천장 내벽이 두꺼워지는 바람에 시공사는 비용적인 손해를 보았지만, 잘못을 인정하고 계획대로 진행해 주었다. 마음을 졸였던 이 사건은 결과적으로 우리 회사에 큰 도움이 되었다. 작업자가 천장과 지붕 사이에 있는 다락에 올라가서 기계를 수리하거나 전기를 손볼 일이 있기 때문에, 공장 천장은 두꺼울수록 좋다. 비용 때문에 천장 보강을 망설이던 차에 이런 방법으로 작업자의 안전을 보장할 수 있게 되었다.

설비 지옥

토목, 건축, 설비 중 어느 하나 쉬운 게 없지만, 가장 골치 아팠던 것은 설비였다. 제품을 만드는 데 사용할 기계 전문가를 두루 찾아보았더니, 우리가 감당할 수 없는 값을 불렀다. 가격도 고무줄이라 업체별 최저 견적과 최고 견적이 5배 이상 차이 났다. 한 푼이라도 아껴야 했던 나는 제대로 하는 곳에 의뢰하고 싶은 마음을 내려놓고, 작은 업체 여러 곳을 팀으로 꾸려 직접 설비 관리를 맡기로 했다. 공장 설비에 필요한 콘크리트 프레임은 건축업체에 맡겼다. 하기로 했던 기초 콘크리트 작업에 비용을 보태어 레이아웃을 만들었다. 그 위에 얹을 스테인리스 기계 및 탱크는 A사에 의뢰했다. 복층 구조를 만들고 기존 기계를 세팅하는 작업은 B사에 맡겼다. 자동기계 패널 및 380v 전기공사는 C사를, 전등 및 220v 콘센트 설치는 D사를 선정했다. 배관 및 기타 설비는 E사에 맡겼다. 그밖에도 호이스트, 펌프, 지하 탱크 제조, 솥 등을 전문으로 하는 업체를 일일이 찾아 제품을 구매했다.

　여러 가지 설비가 도착하여 세팅을 마친 후 시운전을 돌려보니 제대로 돌아가지 않았다. 처음부터 끝까지 문제없이 구동되는 라인이 단 하나도 없었다.

　기계를 시운전할 때마다 콱 죽고 싶었다. 영세한 회사들은 책임을 지려 하지 않았다. 돌아가지 않는 기계를 이리저리 살펴보다 자신이 설치한 부분 때문이 아닌 것 같다며 회피하기에 급급했다. 하지도 않은 수천만 원짜리 견적을 몰래 끼워 넣는 일도 발생했다. 내가 항의하자 더 이상 공사를 못 하겠다며 만들던 기계를 놔두고 자리를 박차고 떠나버렸다. 은행에서는 왜 일정대로 공사 진행을 하지 않냐며 어느 시점까지 대출을 일으키지 않으면 자금을 취소하겠다고 알려왔다.

매일 악몽을 꾸었다. 새벽 3시만 되면 눈이 떠졌다. 아무리 애를 써도 다시 잠들 수 없었다. 해가 뜨면 만나야 하는 '그 인간들'을 생각하니 끔찍했다. 매일 업체와 싸우는 일상이 끝날 것 같지 않았다. 돈이 없어서 피치 못 한 결정을 했다는 사실은 나를 자괴감에 빠뜨렸고, 바보 같은 결정을 내린 나 자신을 용서하기 힘들었다. 눈물로 하루를 시작하고 마무리하는 힘든 나날이 계속되었다.

하도 미칠 것 같아서 차라리 웃고 말자는 다짐을 하며 살았는데, 공사업체 사장님이 그런 내 모습을 두고 웃는 게 더 슬퍼 보인다고 했다. 감추려고 해도 진짜 속마음을 숨길 수 없었나 보다. 공장 구석구석에 들여놓은 온갖 장비가 저마다 아우성치던 혼돈의 시간이 어떻게 지나갔는지 모르겠다. 그때 기억은 필름이 끊긴 것처럼 내 머릿속에서 사라졌다. 극심한 스트레스, 과로, 긴장 탓에 몸과 마음이 너덜너덜해졌지만 나는 정신을 차리고 일을 마무리 해야 했다.

끝나지 않는 시운전

만약 공장을 지은 후에도 수많은 일이 남아있다는 것

을 알았다면 완공조차 하지 못했을 것이다. 나는 공장만 생기면 일이 잘 해결될 것이라고 믿고 버렸다. 그런데 새 공장에서 끊임없이 문제가 터졌다. 고추장 라인을 가동하고 얼마쯤 지난 시점이었다. 설비 기계가 고장을 일으켰다. 기계를 고치느라 생산이 늦어지자, 우리 회사 고추장을 넣어 소스를 제조하는 거래처에서 재촉했다. 한 달 넘게 물건을 받지 못했다며, 마지막 기한을 넘기면 거래를 끊겠다고 했다.

납기일을 하루 앞둔 날, 솥에 들어있는 2톤의 고추장을 살균하고 포장하는데 펌프가 작동을 멈췄다. 다음날로 다가온 배송 날짜를 못 맞추면 수십 년 된 고객사를 잃을 위기였기에 머릿속이 하얗게 되었다. 하지만 당장 해결할 방법이 없었다. 나는 타들어 가는 마음을 다잡고 그 많은 양을 손으로 담기 시작했다. 직원들도 상황이 절박하게 돌아가고 있다는 걸 알기에 나의 제안을 거절하지 못했다. 전 직원이 밤을 새워 고추장을 국자로 퍼서 박스에 담았다. 배송 차량이 도착한 아침이 되어서야 작업을 마쳤다.

소맥분 5단 연속 증자기도 말썽을 일으켰다. 이 기계는 커다란 모터가 벨트로 연결되어 작동하는 설비로 한 두 시간 안에 3톤 분량의 밀가루를 쪄 준다. 뜨거운 스팀과 물을 주입하면 증자기에서 노랗게 잘 쪄진 보송보송한 밀가루가 나와야 하는데, 덜컹거리는 소음과 함께 덩어리를 토해냈다. 때로는 커다란 수제비 반죽 같은 형체가 나오기도 했다. 이 과정을 바로잡으려고 작업하다 버린 밀가루만 수십 포대였다.

예전부터 잘 사용하던 기계를 깨끗이 닦아 가져왔는데, 유독 신축 공장에서 오작동하는 이유를 알 수 없었다. 해체했다가 다시 조립하길 여러 번 했는데도 해결의 실마리가 보이지 않았다. 결국 수리업체는 방법을 모르겠다며 연락을 끊고 도망쳐 버렸다. 수소문 끝에 30년 전에 그 기계를 제작한 사장님을 모셔 왔다. 그는 이리저리 살펴보고 뜯어보더니 기계 밑에 붙어있는 이송 장치의 높이를 5cm가량 높게 조절했다. 그랬더니 잘 쪄진 고운 밀가루가 나오는 것이 아닌가! 고작 5cm 차이 때문에 이토록 고생하다니…다행히 기계를 고안한 전문가의 꼼꼼한 진단 덕분에 증자기를 고칠 수 있었다.

악몽 같은 시간은 6개월 더

공장이 완성되었을 때, 나는 벼랑 끝에서 굴러떨어져 이리 터지고 저리 터진 사람처럼 만신창이 상태였다. 더는 쥐어짤 힘이 남아있지 않았다. 하지만 18개월 동안 공장을 짓고도, 그 안에 있는 기계를 정상적으로 작동하는 데 6개월이 더 걸렸다. 사업자등록증을 내서 특별한맛을 잉태하고, 공장을 세우는 출산을 하고, 설비 안정화라는 산후조리를 마치기까지 나는 반쯤 미친 상태로 지냈다.

자금이 넉넉하게 있거나 포부가 큰 사장이라면 공장을 짓고 설비를 놓는 과정을 별 탈 없이 잘 해낼 것이다. 하지만 나 같은 소심한 초보 사업가는 주변의 도움 없이 땅을 사고, 20억이 넘는 대출금으로 공장을 짓고, 기계 설비를 세팅하는 모든 과정이 고통스러웠다.

예전에 사업 부진으로 처지를 비관하여 자살하는 사장이 늘어난다는 뉴스를 접하면 뭐 하러 저렇게까지 돈에 목숨을 거나 싶었다. 직접 겪어보니 온갖 시련을 감당하는 것보다 차라리 죽는 게 낫겠다는 생각이 절로 들었다. 나는 무식했기에 용감했다. 만약 과거로 돌아간다면 절대로 이와 같은 무모한 결정을 하지 않을 것이다.

제발 돈을 빌려가세요

첫 대출을 받을 때 일이다. 당시 나는 30대 후반이라 연령 상한선을 넘지 않아 청년 창업자를 위한 특별프로그램에 지원했다. 나중에 들은 이야기로는 청년 기업가를 대상으로 대출을 일으키면 담당자가 가산점을 받는다고 한다. 따지고 보면 내가 대출 심사에서 탈락할까 걱정할 때, 상대는 내가 대출신청을 포기할까 조바심을 내고 있었다. 적절한 시기에 필요한 사람에게 돈이 풀려서 담당자와 나 둘 다 덕을 본 셈이다.

2018년 2월. 산을 깎아서 공장 터를 만들었다.

2018년 6월. 지하 탱크 시설을 만들었다.
가까이서 보면 낭떠러지로 여겨질 만큼 아찔하다.

2019년 3월 1일. 새로운 공장으로 처음 출근했다.

도면을 들고 있는 사람은 2대 사장, 오른쪽은 3대 사장(저자)
공장 기계설비업체 미팅 중.

어쩌다 보니 3대째 고추장 사업

나는 할머니, 아버지가 50년 동안 유지해 온 기업을 이어받은 3대 사장이다. 맨땅에서 시작하는 것보다 회사를 물려받는 게 더 쉽다고 생각할 수 있다. 하지만 수십 년간 묵은 때를 닦아서 고철을 깨끗하게 만드는 일은 새 기계를 길들이는 것보다 어렵다. 지금부터 내가 합류할 당시 회사의 상황과 가업을 잇기로 한 이유를 설명하고자 한다.

할머니의 국화표 고추장

다들 배가 고프던 시절, 할머니는 할아버지 고향인 광주에서 고추장 만드는 방법을 배워 서울로 올라왔다. 제조 기술을 습득한 할머니는 집에다 모터가 달린 커다란 기계를 놓고 일했다. 어렸을 적 할머니 댁에서 그 기계를 본 기억이 있다.

할머니는 한동안 가내수공업으로 고추장을 만들어 생계를 꾸렸다. 성북동 부촌에서 입소문을 탄 할머니의 고추장은 날개 돋친 듯이 팔렸다. 고모들은 학교 다녀와서 매일 고추장을 병에 담았고, 바빠서 연애할 새도 없었다고 하였다. 어린 나이에 일손을 보태는 게 쉽지 않았을 텐데 웃는 얼굴로 회상하는 걸 보면 돈 버는 재미가 있었나 보다.

1965년, 할머니는 본격적으로 사업을 시작했다. 서울 강동구 상일동에 공장을 짓고 별미식품공사라는 이름을 등록했다. 꽃을 좋아하는 할머니는 새로 만드는 상품에 국화, 매화 같은 꽃 이름을 붙이셨다. 경쟁자가 없던 시절이라 할머니의 회사는 1980년대까지 활황을 누렸다. 한때는 서울 가락시장 상인들이 고춧가루값은 별미식품이

46

결정한다고 말할 정도였다. 살 사람은 많은데 팔 사람은 적으니, 할머니가 만든 고추장을 한 트럭 싣고 거래처로 가면 옆 가게에서도 고추장을 사겠다고 아우성쳤다.

　애석하게도 호황은 계속되지 않았다. 대기업이 고추장 사업에 뛰어든 것이다. 어린 시절, 할머니 댁에 온 가족이 모여 TV를 시청하다가 한 광고를 보았다. 신당동 떡볶이 촌의 마복림 할머니가 등장해서 "고추장 비밀은 아무도 몰라 며느리도 몰라~"라고 말하는 고추장 광고였다. 나는 가봤던 곳이 TV에 나오니 마냥 반가웠지만, 어른들의 표정은 좋지 않았다. 고추장 광고는 대기업이 본격적으로 장류 사업에 출사표를 던졌다는 것을 의미했다.

1대 별미식품공사에서 2대 별미식품사로

　대기업이 고추장을 만들면서 별미식품공사가 어려워지기 시작한 즈음 아버지는 할머니의 사업을 이어받았다. 아버지는 '공' 자를 빼고 별미식품사로 개명했다. 설비도 대폭 개선했다. 3층에서 콩을 찌고 2층에서 배합을 하고 1층에서 탱크에 저장하는 별미의 자동화 생산 시설은 당시로서는 매우 파격적인 것이었다.

아버지가 내실을 다지기 위해 부단히 노력했음에도 별미는 경쟁에서 지고 말았다. 대기업은 값싸게 고추장을 만들었고, 확실한 관리시스템이 있었으며, 광고를 지속적으로 내보냈다. 별미식품사는 매년 마이너스 성장을 기록했고, 아버지의 사업 의욕도 꺾였다.

고추장 판매가 줄자 아버지는 새로운 사업으로 눈을 돌렸다. 인터넷의 등장에 발맞추어 프리미엄 온라인 식품 배달을 고안했다. 마켓컬리 같은 사업 모델을 만든 것이다. 유통 및 물류 혁신을 바탕으로 한 온라인 사업을 20여 년 전에 시도했으니, 빨라도 너무 빨랐다.

아버지는 전국적인 규모로 온라인 식품 사업을 실행하기 위해 투자금을 많이 모았다. 하지만 직원이 돈을 빼돌리는 사고를 쳐서 사업은 제대로 시작해 보지도 못한 채 막을 내렸다. 아버지는 모든 책임을 지고 자리에서 물러났고, 투사자늘의 소송이 뒤따랐다.

당시 할머니는 서울 중구에서 목욕탕을 운영했는데, 빚더미에 앉은 아버지를 도우려고 목욕탕이 있는 건물을 내놓았다. 이로써 할머니가 이루었던 부는 순식간에 사라졌다.

비록 예전의 명성은 사라지고 명맥만 유지하는 수준이

었지만, 별미식품사는 살아남았다. 아버지는 공장 건물과 용지를 매각하는 와중에도 사업체 운영권을 놓지 않았다. 사업체를 유지하는 것이 최소한의 효도라고 생각하였기에 창업주인 할머니가 살아 계시는 동안에는 업을 이어가려고 했다. 그런데 할머니가 97세까지 장수하셨기 때문에 아버지는 마음대로 사업을 정리할 수 없었다.

직업을 바꿔야 할 때

고추장 업계로 전향할 즈음 나는 심리 상담 대학원을 수료하고 논문을 쓰려던 차였다. 학업을 이어갈지 상담가로 일할지 사이에서 고민해야 할 때 박봉의 고추장 공장 생산 직원으로 일하는 것은 모험이었다. 그런데도 30대 초반의 나는 삶을 송두리째 바꾸기로 마음먹었다.

우선 상담 업계에 종사하는 사람들이 상담학의 가르침대로 살고 있지 않다는 점에서 회의감이 들었다. 나는 전국 단위의 상담 협회에서 일하면서 많은 전문가를 만났다. 오래 공부하고 가르친 분들의 삶을 자세히 들여다볼수록 그들의 가족관계, 심리 상태가 온전하지 못하다는 것을 알게 되었다. 다른 사람의 인생을 상담해 주는 전문가의 삶이라는 게 실상 피폐했다. 또한 내 삶도 허점투성이인데, 다른 사람의 인생에 대해서 왈가왈부하는 것이 위선으로 느껴졌다.

학업에 대한 부담도 컸다. 상담을 공부해서 돈을 벌기까지는 엄청난 시간과 비용이 들었다. 임상 수련을 받는 사람들은 전문가나 교수들에게 수련 인증을 받아야 했다. 갈수록 자격 조건이 까다로워지니 안정적인 직업인으로 자리를 잡기까지 얼마나 걸릴지 알 수 없었다. 교수를 목표로 한다면 해외에서 공부하는 것이 필수처럼 여겨졌다. 이런 상황에서 전공을 붙들고 사는 것이 나의 미래를 위해 좋을 것 같지 않았다.

다음으로는 어머니의 유언이 있었다. 아름다웠던 어머니가 3년간 혈액암 투병을 하며 새까맣게 말라가는 과정을 지켜보는 것은 감당하기 어려운 고통이었다. 누구보다도 나를 잘 아는 어머니는 마지막으로 이런 당부를 하셨다. "다른 사람에게 신세 지지 말고 살아라." 여기서 다른 사람은 나의 아내를 의미했다. 자식을 얼마나 박절하게 평가하면 그런 말을 남기셨을까? 생각할수록 뼈아픈 말씀이다. 안정적인 직장에 다니며 우리 가족의 생계를 책임지는 아내를 위해서라도 나는 더 확실하고 비전이 있는 일을 찾아야 했다.

그런 중에 둘째가 태어났다. 경제활동을 해서 생활비를 벌어야 한다는 현실과 별개로 나는 아이들이 어릴 때 엄마가 꼭 필요하다고 생각했다. 아내에게 직장 대신, 두 아이와 시간을 보내면 좋겠다고 말했더니, 아무런 대책도 없이 그럴 수는 없다며 완강히 반대했다. 아내는 신문사에서 교육부 기자로 일하고 있었다. 기자가 되는 것이 목표이자 꿈이었기에 그만큼 직장에 진심이었다. 출산하는 날에도 회사에 나갔고 퇴근 후에 아기를 낳은, 휴직 후 3개월 만에 직장에 복귀한 전설적인 인물이었다. 그런 아내에게 나는 가업을 물려받아 회사를 일으켜 세우겠다는 그럴듯한 말로 끈질기게 설득했다. 별미식품사의 재무 상태에 대해서 아무런 정보가 없었고, 아내도 나를 미덥게 생각하지 않았지만, 우여곡절 끝에 우리는 그렇게 하기로 했다. 하지만 아버지가 나를 받아들이는 것은 또 다른 문제였다.

생산직 입사, 혹독한 후계자 훈련

아버지의 폐업 시기가 늦어지고 있던 차에 내가 사업

을 물려받겠다고 나섰다. 아버지는 극구 반대하셨다. 장류 시장은 대기업이 90%를 독과점하고, 3,000여 개의 영세한 업체들이 남은 10%를 나눠 먹는 형국이라고 하였다. 나까지 사양산업에 뛰어들어 고생길을 가는 것은 용납할 수 없다고 하셨지만, 아버지는 끝내 아들의 청을 거절하지 못했다.

대신, 내가 정말로 별미식품사를 이어갈 마음이 있다면 생산직 근무부터 시작하라고 했다. 회사에서 영업과 경영을 담당했던 아버지는 공장에서 새로운 시도를 할 때마다 생산 현장을 컨트롤하지 못하는 난관에 부딪혔다. 그런 과오를 되풀이하지 말라는 뜻에서 나에게 가장 밑바닥에서부터 일을 배우라고 한 것이다. 당시에는 혹독한 후계자 훈련을 준비한 아버지가 야속했다. 시간이 흐르고 보니 생산 직원으로 쌓은 현장 경험은 위기 상황에서 흔들림 없이 회사를 경영할 수 있는 밑거름이 되어 주었다.

회사에서 마주한 현실

내가 합류한 2013년, 별미식품사는 경기도 광주시 곤지암읍에 있었다. 이전에 있던 서울 강동구 상일동 공장 자리에 중부고속도로가 생기는 바람에 1983년에 할머니 할아버지께서 창고로 쓰려고 지어둔 곤지암 건물을 개조해서 사용하고 있었다. 당시 서울에서 출퇴근하던 나는 매일 교통지옥에 시달리며 지쳐갔다. 피로를 줄이고 공장일에 매진하기 위해 우리 가족은 회사에서 가까운 아파트로 이사했다.

회사에 들어가 보니 밖에서 봤던 것보다 상황이 훨씬 좋지 않았다. 손에 꼽을 정도로 몇 안 되는 거래처만 제품을 가져가고 있었으니, 매출이 형편없었다. 게다가 매입 장부에는 아직 지급하지 않은 원료 대금이 수억 원대라고 쓰여 있었다. 생산 현장에서 사용하는 기계는 매일 고장 났고, 수십 년의 세월을 버텨온 공장의 안전과 위생은 염려할 만한 수준이었다.

공장에는 로보트 태권V 몸통처럼 생긴 대형 기름보일러가 있는데, 이 기계가 매번 고장이 났다. 보일러가 오작동할 때마다 기름을 뒤집어쓰니 작업복에는 기름때가 덕지덕지 묻었고, 손톱 밑은 까맣게 물들었다. 내 몰골을 보면 식품공장 직원이 아니라 중공업공장 직원 같다는 착각이 들 정도였다. 작동 방식은 또 어찌나 복잡하던지 수

년을 다루어도 익숙해지지 않았다. 보자마자 크기에 압도되어 기가 질렸는데 잦은 고장으로 보면 볼수록 공포스러웠다. 파랗고 빨간 불꽃이 붙을 때는 폭발하면 어쩌나 걱정하며 조마조마했다. 보일러의 수증기는 늘 배관 중에 한곳이 터져서 뭉게구름처럼 피어나 앞이 보이지 않았고 겨울철에는 얼어버린 수도관을 녹이는 데 반나절이 걸렸다. 가끔 굴뚝으로 검은 연기가 솟아올랐는데 동네 주민이 신고하여 시청에서 출동한 적도 있었다. 보일러 때문에 신경이 곤두서는 일이 많았지만, 몇 년이 지나자, 회사에서 나만큼 보일러를 잘 아는 사람이 없을 정도로 전문가가 되어 있었다.

　2층에는 자동 발효 설비 시설인 곡자실이 갖추어져 있었다. 커다란 롤러가 이동하며 발효물을 저어줘야 하므로 기둥이 없는 방으로 꾸며져 있다. 그곳은 스테인리스 스틸로 되어있는데 어느 날 지붕을 덮고 있는 판이 불룩하게 내려앉았다. 건물을 제대로 손보려고 하니 대형 공사가 될 상황이었다. 그동안 건물주는 한 번도 건물에 투자하려는 노력을 기울이지 않았고, 공간을 사용하게 해주는 것에 감사하라는 태도를 보였다. 손쓸 방법이 없어서 공사장 파이프로 보강했지만, 여전히 안전한 시설과는 거리가 멀었다.

변화를 거부하는 문화

내가 별미식품사의 생산 직원으로 일할 때 가장 힘들었던 것은 만연한 문제를 보고도 누구 하나 해결하려고 하지 않는 분위기였다. 아마도 오랜 시간 동안 굳어져 관성처럼 그 상태를 유지하려는 성질을 가졌던 것 같다. 동료들은 사장 아들을 함부로 하진 않았지만, 눈에 보이지 않게 견제했다. 조금씩 변화를 주려고 할 때마다 번번이 반대에 부딪혔고, 기존 방식에 잘 적응하는 게 먼저라는 핀잔을 들었다.

공장 체질 개선을 부르짖는 나였지만, 기초체력과 일머리가 가장 부족한 사람도 나였으니 답답한 노릇이었다. 망해가는 회사를 살리겠다는 의지와 달리, 나는 아무리 노력해도 제조 기술을 익히는 데 진전을 보이지 못했다. 기존 방식에 익숙해지지 못했고, 개선할 방법을 찾고도 동료를 설득하는 데 실패했다. 이리 뛰고 저리 뛰며 하루를 보냈음에도 나의 보잘것없는 업무 능력 때문에 동료에게 민폐를 끼치기 일쑤였다. 이런 날이면 홀로 공장에 남아 청소를 하며 나에 대한 분노를 삭였다.

　고된 생산직 업무에서 오는 육체적 피로도 상당했다. 한 달에 한 번, 콩 포대가 도착하는 날이면 눈앞이 캄캄했다. 40kg 콩 포대가 15톤 들어왔는데, 콩을 차곡차곡 창고에 넣는 일을 수작업으로 했다. 처음에는 호기롭게 몇 자루씩 어깨에 지고 날랐다. 곧, 전신에 땀이 흐르고 정신이 아득해졌다. 짐을 멘 어깨는 살이 쓸려 부항을 뜬 것처럼 벌겋게 타올랐다. 운반을 마치면 다리, 허리, 손 어디하나 성한 곳이 없고, 맨몸으로 걷는 것도 힘들었다. 집에 들어가면 쓰러지기에 바빴다. 후회가 밀려왔지만, 되돌릴 방법이 없었다. 모두의 반대를 무릅쓰고 여기까지 왔는데 번복한다는 것은 자존심이 허락하지 않았다. 앞이 보이질 않았지만, 무슨 수를 써서라도 이 상황을 타개해야만 했다.

왜 가업을 잇기로 결심했나요?

　그럴듯한 대답을 하고 싶지만, 먹고살기 위해 그렇게 되었다고 말하는 게 맞는 것 같다. 가업을 이어서 가정을 책임지겠다던 선언을 지키기엔 회사 안팎이 너무나 엉망이었다. 훗날 경영자가 되겠다는 마음으로 생산직 근무를 시작한 것이기에, 생산만이 아니라 회사 전반에 걸친 문제점을 볼 때마다 고민이 깊어졌다. 회사를 정상화할 실력은 없으면서 이대로 하다가는 곧 망할 것이라는 두려움에 마음이 급했다.

나는 공장에서 일하는 동안 숱하게 혼잣말을 되뇌었다.

'이거 말고도 할 일은 많다.'

'이 정도 노력을 들이면 어디 가서 무슨 일을 해도 굶어 죽지는 않는다.'

가업을 잇는 것은 출구 없는 막다른 길이니 여기서 잘못하면 망한다고 말하는 대신 '언제든지 그만둬도 된다.'고 말하면서 나를 다독이며 하루하루 버틸 수 있었다.

할머니의 사업가 정신

평양 사람인 할머니는 할아버지 고향인 광주에 냉면 가게를 차렸다. 할머니의 평양냉면 가게는 장사가 잘되어 매번 손님이 줄을 설 정도였다. 그러나 사람들이 식당에서 술을 팔라고 요구하자, 종교적 신념에 맞지 않는다며 가게를 접으셨다. 할머니는 돈에 무릎 꿇지 않는 강단 있는 분이었다.

할머니는 자선사업에도 공을 들이셨다. 어느 날은 할머니 댁 앞에 수백 개의 대형 생필품 상자가 쌓여 있었다. 그 안에는 라면, 식용유, 고추장 등이 가득 들어 있었다. 생활이 어려운 이들에게 기부할 물품이었다. 할머니가 어려운 이웃을 챙기는 날이면 마치 내가 뭐라도 된 듯 신나게 동네를 뛰어다녔다. 동장, 구청장, 시장이 준 감사패는, 할머니가 돌아가신 후로 우리 공장에 전시 중이다.

할머니가 아버지의 사업 실패를 수습하느라 목욕탕 건

물을 처분했을 때의 일이다. 망해서 건물을 팔게 된 상황에서도 할머니는 매각 금액의 10%를 교회에 헌금하셨다. 가족들 누구도 이 사실을 몰랐다가 할머니가 돌아가시고 한참 후에 고모가 목욕탕 근처 약국에서 전해 듣고 알려주었다. 아버지는 할머니가 자선사업에 쓴 돈을 고추장 사업에 투자하셨다면 지금쯤 대기업이 되었을 것이라고 말씀하신 적이 있다. 나는 할머니가 그렇게 하지 않으셔서 천만다행이라 생각한다.

아버지가 회사를 경영하는 동안, 할머니는 매일 별미식품사에 전화를 걸어 "요즘 고추장은 잘 나가냐?"라고 물어보셨다. 한 직원의 증언에 의하면 단 하루도 빠짐없이 할머니 전화를 받았다고 한다. 할머니가 손수 세우고 일으킨 회사에 대한 애착이 얼마나 컸는지 알 수 있는 대목이다.

2017년 찍은 옛 공장 사진. 40여 년 동안 한 자리를 지켰는데,
공장 이전과 함께 길이 생겨 터만 남았다.

옛 공장의 곡자실. 일정한 온습도를 유지하며 곡물을 발효시키는 공간으로
대차가 오고 가며 곡물을 자동으로 뒤집어준다.

사장은 아무나 하나

사장에게 필요한 자질은 무엇일까? 시장을 읽는 안목, 일에 대한 열정, 승부를 보는 용기, 미래에 대한 도전 의식, 사람을 이끄는 매력, 약자를 배려할 수 있는 포용력 등 여러 가지가 있을 것이다. 사장의 자질은 타고나는 것일까? 길러지는 것일까? 아마 둘 다일 것이다. 업종을 불문하고 사장의 역할은 어렵다. 특히 사장에게 필요한 기질과 반대 성향의 사람은 더욱 그렇다. 사장의 그릇이 아닌 사람이 사장 옷을 입고 살아가는 방식은 어떤 모습인지 보여주기 위해 이번 장에서는 어린 시절부터 공장에 합류하기 전까지 내가 겪었던 일을 써 보았다.

비위가 약하고 겁 많은 아이

쪼그려 앉아서 일을 보는 화변기가 대부분이던 학창 시절, 공중화장실의 위생 상태는 늘 엉망이었다. 어릴 때부터 비위가 약했던 나는 10대 후반이 되도록 밖에서 큰일을 보지 않았다. 고등학생이던 어느 날, 학교에 있는데 갑자기 급한 신호가 왔다. 변기의 생김새나 비위 상함을 따질 새가 없었다. 등 뒤로 식은땀이 흘러내리는 급박한 상황에서도 조퇴하고 집에 갈까? 학교 밖에 있는 깨끗한 화장실을 찾아볼까? 하며 망설이던 내 모습이 기억난다. 밖에서 용변을 본 그날, 나의 위생 자존심이 부서졌다.

비위가 약하다는 점은 여행지에서도 발목을 잡았다. 1990년, 초등학생이던 나는 처음으로 가족과 미국에 갔다. 아름다운 풍경과 근사한 건축물에 감탄한 것도 잠시, 나는 타국의 냄새에 적응하지 못했다. 그것은 알 듯 모를 듯한 노린내였다. 백화점에는 코를 찌르는 독한 향수 냄새 속에 섞여 있었고, 화장실에는 꾸린 내와 함께 났다. 자동차에도 집안에도 그 냄새가 없는 곳이 없었다. 가는 곳마다 구역질했으니, 부모님이 얼마나 힘드셨을까? 나는 꿈에 그리던 해외여행을 망칠 만큼 비위가 약했고, 당연히 일상을 사는 게 힘들었다.

나는 겁도 많았다. 요즘엔 달라졌지만, 내가 어렸을 때는 아동에 대한 정신적 보호장치가 열악했다. 부모님은 영화를 좋아하셔서 예술영화부터 공포영화까지 장르를 가리지 않고 보셨다. 다양한 영화 중에는 공포물도 있으니, 〈13일의 금요일〉, 〈나이트메어〉, 〈오멘〉, 〈사탄의 인형〉, 〈그렘린〉 같은 영화가 우리 집 TV 화면에서 쏟아져 나왔다. 성인이 된 지금도 이런 제목을 떠올리면 오금이 저리는데, 그때의 나는 얼마나 더 심하게 겁을 먹었을까? 무서운 영화를 본 날에는 악몽을 꿀까봐 잠을 자지 못했고, 13일이 금요일인 달에는 한 달 내내 공포에 휩싸였다. 부모님은 가족 구성원에게 맞는 상영 등급을 정하는 데 실패했고, 나는 학대 아닌 학대에 노출되어 있었다.

겁 많았던 어린 나는 잠깐 미국 여행을 간 동안에도 무서운 기억을 가지고 돌아왔다. 어느 날 박물관 앞 잔디밭에서 놀고 있었는데 한 경찰관이 손가락으로 나를 가리켰다. 들어가지 말라는 표식이 있는 곳에 들어갔다는 사실을 알고 나서, 무서움에 떨었다. 경찰에게 걸리면 감옥에 가고, 감옥에 갇히면 영영 빠져나올 수 없다는 생각에, 줄행랑을 치기로 했다. 얼마나 겁을 먹었던지, 나는 어머니에게도 이 사실을 말할 수 없었다. 누군가와 제대로 이야기하고 어린이 눈높이에서 상황을 정리하지 못한 경험은 두려움 덩어리가 되어 나를 괴롭혔다. 나는 한동안 미국 경찰관에게 끌려가는 악몽을 꾸었다.

노력으로 만든 좋은 성격

타고난 성향이 강하지 못하니 신체 조건이라도 우월하면 좋을 텐데, 나는 체격 면에서도 내세울 만한 점이 없었다. 학교는 네모난 교실 속에 원숭이, 사자, 독수리, 개, 고양이를 함께 가두고 잘 지내라고 지시하는 곳이다. 사육사 입장에서는 효율적인 관리 수단일 수 있지만, 키 작은 초식동물에겐 안전하지 않다. 12년 정규교육 동안 늘 키 번호가 다섯 손가락 안에 들었던 나는 무기가 필요했다.

내가 갈고 닦은 무기는 성격이었다. 나는 모두에게 좋은 사람으로 인정받기로 했다. 그건 나의 생존 본능이자 서바이벌 스킬이었다. 공부를 잘하든 못하든, 집이 부자든 아니든, 성별이 같든 다르든 상관하지 않고 두루 친하게 지냈다. 모든 친구가 나를 좋아할 때 행복했고, 모든 친구가 나를 좋아하게 만들어야 안정감이 들었다. 이 전략은 에너지 소모가 많다는 치명적인 단점이 있다. 학교에서 기운을 다 썼으니, 집에 오면 짜증이 났다. 친구들에게는 싱글벙글하다가도 부모님께는 화를 냈다. 털털한 성격으로 타고난 게 아니라, 좋은 성격으로 살아내려고 노력을 기울이다가 부작용이 생긴 것이다.

반장의 무게

나는 실력과 외모가 출중한 형에 가려져 빛을 보지 못하는 야곱 같은 운명을 타고났다. 세 살 위인 형은 공부며 운동이며 빠지는 게 없었다. 매년 학급 반장을 도맡았고 고등학교에서는 전교 학생회장을 지냈다. 대학은 서울대학교로 진학했다. 할머니는 우리 집의 자랑인 형 사진을 금 테두리 액자에 넣어 거실에 걸어 두셨다. 하나는 한국의 대표적인 목회자인 한경직 목사님께서 형에게 유아세례를 주는 사진이고, 다른 하나는 정주영 회장과 학생회장인 형이 함께 있는 사진이다. 둘째인 나는 동네 교회에서조차 유아세례를 받지 못했고, 당연히 근사한 사진도 없다. 어머니께 이유를 물었더니 "그냥, 바빠서."라고 대답하실 뿐이었다. 1등을 도맡아 하는 형 밑에서 나는 설

자리를 잃고 열등감을 느끼기 일쑤였다.

형이 지나온 길이 성공적이라고 생각하신 어머니는 내게도 비슷한 기대를 하셨다. 내가 학급 반장이 되길 바라는 어머니를 보며, 나도 나를 증명하고 싶었다. 겁 많고 예민한 소년이 많은 사람 앞에 나서기란 쉬운 일이 아니다. 반장 선거가 다가올수록 가슴이 조여왔고, 공약을 말할 때도 다리가 후들거렸다. 성격 좋은 사람이란 평판을 얻으려고 애쓴 덕분인지, 나는 반장이 되었다. 비록 인기 투표로 당선되었지만, 친구들은 나를 반장으로 인정해 주었고, 나도 임원이 되기까지 겪은 스트레스는 잠재워 두고 스스로 반장으로 인지하게 되었다.

학급 반장이라는 리더십을 경험하며 내면과 외면의 불협화음이 시작되었다. 실제로는 내성적인 성격의 소유자였지만, 외향적인 사람으로 보이기 위해 애썼다. 혼자 조용하게 시간 보내기를 좋아하는 나와 사람들 앞에 서는 나. 스스로 성향을 파악하지 못하여 늘 헷갈렸고, 감정의 기복이 커서 힘들었다.

정신 차리고 다시 공부를 하다

부족할 게 없었던 나의 10대, 공부를 해야 할 목적과 동기가 없었다. 어머니의 기대와 압박으로 중학교 초반까지 좋은 성적을 받긴 했지만, 점차 하락했다. 중학교 2학년 담임 선생님은 친구들과 노느라 바쁜 나를 불러놓고 친구와 공부 중 하나를 선택하라고 했다. 친구를 택하면 성공과 친구를 둘 다 잃지만, 공부를 택하면 성공도 얻고 친구도 얻는다는 게 요지였다. 선생님 앞에서는 "공부요."라고 말했지만, 내 마음은 이미 '친구'를 선택한 후였다.

나는 이해찬 교육부 장관이 재임하던 시절에 고등학교를 다녔다. 그는 학생이 공부를 잘 하지 않아도 자기 적성을 살려 대학을 갈 수 있다고 말했다. 그런 기조 덕분에 나는 야간 자율학습을 하지 않고 모의고사도 치르지 않은 채로 고등학교 1학년을 보냈다. 고등학교 수준의 공부는 누가 옆에서 시킨다고 잘할 수 있는 것이 아니다. 자발적으로 공부하지 않고는 좋은 성적을 거두기가 어렵다. 공부할 이유를 찾지 못하던 내가 제대로 공부해 보겠다는 마음을 먹은 것은 우리 가족이 겪은 큰 사건과 관련이 있다.

고등학교 2학년이 되던 해, 아버지가 차린 인터넷 회사가 망했다. 우리 가족은 강남 한복판의 50평짜리 아파트에서 5평짜리 단칸방으로 쫓겨났다. 죽일 것처럼 달려드는 빚쟁이를 피해 아버지는 미국으로 도피했다. 남은 식구들이 아무리 구석진 곳으로 숨어도 빚쟁이들은 어떻게 알고 우리를 찾아왔다. 사람들이 어머니에게 욕설을 퍼붓는 장면을 보며, 나는 처음으로 공부해야겠다고 결심했다. 중간고사에서 100점을 받아서 고달픈 어머니의 삶에 기쁨을 드리고 싶었다.

반토막 수학 점수에서 1등급을 받기까지

고등학교 1, 2학년 동안 모의고사 없이 편하게 보냈는데, 3학년 첫 모의고사 결과를 보고 나의 수학 실력이 형편없다는 것을 알았다. 80점 만점에 40점이었다. 상위권 대학 입학의 목표가 구름처럼 흩어져버렸다. 집에서 도움을 받고 싶었지만, 백화점 모니터 사원으로 일하면서 학습지 논술 채점 일로 생계를 이어가는 어머니께 지원해달라고 말할 수 없었다.

나의 절박한 처지를 깨닫자, 정신이 번쩍 들었다. 대학에서 수학을 전공한 이모를 찾아가 도움을 요청했다. 이모는 시간을 많이 내줄 수 없다며, 주말에 하루 만나서 틀린 문제를 봐주겠다고 했다. 주어진 시간을 잘 활용하기 위해서 나는 혼자 많은 문제를 풀었다. 수학과 함께 뜨거운 여름방학을 보냈더니 성적이 수직으로 상승했다. 제일 약한 과목의 점수가 오르자 다른 과목에도 자신감이 생겼다. 인생 처음으로 공부의 맛을 보고 수능 시험까지 최선을 다했다. 다행히 막판 스퍼트로 성적을 끌어올려 수학 1등급을 받고 대학에 들어갔다.

헤매던 대학 생활

신입생 오리엔테이션을 불참해서 첫 단추를 잘못 채운 것일까? 대학 생활은 암울했고, 어디서도 소속감을 느끼지 못했다. 수강 신청 전략에 어두웠던 나는 첫 학기에 빈자리가 남아 있는 교양 과목만 듣게 되었다. 당연히 수업에 흥미를 갖지 못했다. 대학생의 눈에 비친 인생은 빈 곳이 너무 많았다. 앞으로 삶을 무엇으로 채워야 할지 알 수 없었다. 나는 학교 밖 세상을 구경하기로 했다. 시간이 날 때면 북촌, 성북동, 가회동, 종로, 명동 등 발길 닿는 대로 서울 구석구석을 헤집고 다녔다.

여름방학 때는 친구와 둘이 한강을 따라 부산으로 라이딩을 했다. 자전거도로가 잘 갖추어져 있지 않을 때라 국도로 다녔는데, 지금 생각하면 매우 위험한 여정이었다. 우리는 성남, 이천, 장호원, 충주, 문경, 상주를 거쳐 부산에 갔다. 장호원을 지날 때는 복숭아를 사서 배가 터지도록 먹었고, 문경에서는 에메랄드빛 계곡을 만나 물에 뛰어들었다. 타이어가 펑크 나서 지나가는 트럭을 얻어 타고 수리점에 들렀고, 길에서 만난 다른 자전거 여행객과 숙소를 공유하기도 했다.

고등학교 때까지 집이라는 새장에 갇혀 살던 내게 자유는 형언할 수 없을 만큼 달콤했다. 아무도 없는 보성 녹차밭을 거닐 때는 흥에 겨워 노래를 불렀고, 걷다 지쳐 쉴 때는 파란 하늘을 이불 삼아 누웠다. 여행하다 보니 허약했던 체질은 튼튼하게 바뀌었고, 예민했던 감수성은 자연에서 받은 치유의 힘 덕분에 너그럽게 변했다.

뭐니 뭐니 해도 가장 엄청난 경험은 40일간의 인도 방문이었다. 학교에서 인도 봉사자모집이라는 포스터를 보자마자 내 마음은 세계 저편에 위치한 나라에 대한 호기심으로 활활 타올랐다. 나는 '현지에서 활동하다 죽을 수도 있다'는 동의서에 서명하고 인도로 향했다. 비행기에서 내리자마자 마주한 숨 막힐 듯한 습하고 뜨거운 공기는 앞으로 펼쳐질 여정이 만만치 않을 것임을 예고했다. 택시를 타고 이동하는데 물웅덩이를 지날 때마다 차 안으로 물이 튀었고, 늪기만 하면 달라붙는 파리 떼로 고생을 했다. 물갈이하느라 하루에도 수십번씩 화장실을 드나든 점도 잊을 수 없다. 나는 마더 테레사 하우스에서 봉사하며 생명의 경건함을 느꼈고, 비가 오면 하루만에 생긴 거대한 호수에서 사람과 소가 한데 어울려 뛰놀았다. 나에게 인도는 비슷한 또래 친구들과 허물없이 지내며 강렬한 경험을 했던 시간으로 남아있다.

속 썩이던 아들

2학년이 되자 내가 속한 인문계열 안에서 전공을 선택해야 했다. 남의 나라 공부에 내 인생을 맡겨야 하는 게 슬퍼서 영문, 불문, 독문과는 가고 싶지 않았다. 정말 해보고 싶었던 공부를 하고 싶어서 철학과를 골랐다. 후에 어머니께 말씀드렸더니 아무런 말씀을 하지 않고 눈물을 흘리셨다. 취업과 멀어진 자식의 앞길을 걱정해서 그랬던 것이라고 짐작해 본다.

철학은 내게 딱 맞는 학문이었다. 잘 이해할 수는 없어도 목숨 걸고 세상과 인생의 본질을 찾는 철학자의 사상은 큰 울림을 주었다. 철학을 공부하며 자연스럽게 사고력을 길렀다. 가끔은 당장 필요한 것보다 그다지 필요 없어 보이는 것이 중요한 역할을 하는데, 나에게는 철학이라는 전공이 그랬다.

먹고 사는 데 큰 도움이 안 되는 철학과에 간 것도 모자라, 나의 기행은 군대까지 이어졌다. 나는 소방서에서 근무하는 의무소방관으로 지원하였다. 경찰서에 근무하는 의무경찰과 비슷한 개념으로, 필기시험과 면접을 보고 붙어야만 할 수 있는 역할이다. 소방서의 생활은 하루하루가 달랐다. 날마다 새로운 현장에서 사람을 돕는 일은 나에게 보람과 행복을 주었다. 큰 제지공장에 불이 나서 건물 4층 높이의 종이 더미에 하루 종일 물대포를 쏘았던 일, 한밤중에 임산부를 태우고 사이렌을 울리며 고속도로를 질주한 일, 농약을 먹고 자살 기도한 어르신을 태우고 응급실로 향하며 구급 조치를 도운 일 등 정말 많은 사건을 접했다. 몸이 고된 생활이었지만, 이 결정을 후회한 적은 없다.

소방관들이 퇴근하고 나면, 나는 경제신문을 정독했다. 주식을 하는 소방관들이 두고 간 신문 덕분에 나는 2년간 돈 들이지 않고 경제 공부를 했다. 꾸준히 신문을 읽으며 시야를 넓혀가던 나는 음식 장사를 해보고 싶다는 마음을 품게 되었다. 수중에 있는 돈으로 작게 시작해 보고 잘되면 가게를 차린다는 생각이었다. 제대를 앞두고 열심히 인터넷을 뒤져 내 사업의 터전이 될 중고 포터 자동 변속 차량을 찾았다.

첫 번째 사업, 결과는 실패

군에서 모은 월급 450만 원을 들고 트럭을 사러 광주로 갔다. 포터는 나의 첫 차였고, 이 차를 몰고 광주에서 서울로 돌아온 것은 나의 첫 드라이브였다. 엑셀을 밟자, 차가 꿀렁이며 요동쳤고 최고 속력은 시속 50km를 넘지 못했다. 이런 차를 타고 집까지 갈 일이 아찔했다. 고속도로에서는 내 뒤로 차가 줄을 지어 도로가 마비될 정도였다. 민망함에 땀이 비 오듯 쏟아졌고 서울까지 오는 데 한나절이 걸렸다.

당시에는 푸드 트럭에 대한 인식이 없었고 법적인 제

도가 잘 갖추어져 있지 않았다. 길에서 붕어빵을 파는 사장님께 여쭤봤더니, 길거리 음식 장사를 총괄하는 단체가 있다고 알려주었다. 노점상 업계는 또 다른 세상이었다. 단체의 '장'을 찾아가 자릿세를 내고 장소를 협의하라고 했다. 무림의 고수를 만나러 가듯 여기저기 물어본 후 노점상 지역단체 장을 찾아갔다. 길 건너 동네에서 군밤 장사를 하시는 분이었다. 군밤 사장님은 저녁 장사는 술도 팔아야 하고 자리 잡는 일도 어려워 골치 아픈 일이 많다고 하였다. 나는 아무도 간섭하지 않는 아침 장사를 하기로 결정했다.

처음 영업을 시작한 곳은 한 여자고등학교 앞이었다. 메뉴는 호밀빵에 햄, 치즈, 양상추를 넣은 샌드위치였다. 호기롭게 시작했지만 하나도 팔지 못하고 철수했다. 곰곰히 생각해 보니 실패 원인이 있었다. 학생들은 아침을 차려 주어도 잘 먹지 않는데, 자기 돈 내고 사 먹는 일은 더더욱 하지 않았다. 더군다나 주머니 사정이 빠듯한 청소년 대상으로 고급 샌드위치라니. 일주일간 고전하다가 장소를 바꾸기로 했다. 아버지 친구분이 운영하시는 강남역 식당 주차장으로 이사를 했다. 가끔 무전취식하는 사람 때문에 속앓이하기도 했지만, 단골이 생길 정도로 손님이 많았다.

　나의 음식 장사는 생각지도 못한 장애물을 만났다. 당시 나는 발가락 사마귀 수술을 받았는데, 장사가 끝나면 발바닥에 피가 흥건했다. 결국 번 돈으로 엄지발가락의 절반이 사라지는 수술을 받고 장사를 접어야 했다. 첫 사업의 실패로 몸도 마음도 시름시름 앓았다.

두 번째, 세 번째 사업도 실패

　푸드 트럭을 그만두고 얼마 후, 우연한 기회에 두 번째 사업을 하게 되었다. 이번에는 동업이었다. 어느 날 친구와 나는 TV에서 일본에 조류인플루엔자가 발생해서 마스크가 동이 났다는 뉴스를 보았다. 이때 재빨리 일본에 가서 보따리 장사를 하면 돈을 벌 수 있을 것 같았다. 나는 3M에 다니는 사촌 누나에게 전화를 걸어 마스크를 대량으로 살 수 있는지 물어보았다. 직원 할인가로 마스크를 산 우리는 여의도에서 제품 박스를 받아 공항행 버스에 올라탔다.

　우리의 목적지는 도쿄였다. 자전거로 돌아다니며 마스크를 판매할 계획이었다. 그런데 하필 우리가 도착한 곳은 도쿄 안에 있는 하네다 공항이 아니라 외곽에 있는 나리타 공항이었다. 문제는 또 있었다. 일본에서 마스크는 의료용품이라서 허가받지 않은 자가 길거리에서 팔 수 있는 물건이 아니었다. 한 개라도 팔기 위해 백방으로 쫓아다녔지만 허사였다. 하루는 롯폰기 힐즈의 한 건물 옥상에서 노숙하다가 경찰에 체포되었다. 친구가 서울 강남에서 사업을 하고 있다는 사실을 증명하고 나서야 겨우 풀려났다. 이렇게 몸으로 직접 부딪쳐 보려고 뛰어든 나의 두 번째 사업도 실패로 끝났다.

나와 같이 일본에 갔던 친구는 나중에 또 다른 동업 제안을 했다. 클럽에 배경 영상을 제공하는 일이었다. 당시는 클럽이 퍼지는 시기였고, 인맥이 좋았던 친구는 강남 호텔에 새로운 클럽을 여는 업체와 계약을 성사했다. 화려한 3D효과와 홀로그램이 나오는 결과물을 주겠다고 약속한 우리는 밤낮 없이 영상을 만들었다. 새로운 클럽이 여는 날, 사람들은 발 디딜 틈 없이 몰려들었고, 영상은 문제없이 송출되었다.

기술적인 일은 잘 해결했으니, 이제 돈을 받을 일만 남았다. 하지만 우리는 클럽 사장에게 돈을 받아내는 일이 얼마나 어려운 일인지 알지 못했다. 약속한 대금을 주지 않고, 이거나 먹고 떨어지라는 식으로 조금씩 돈을 주니 재정에 문제가 생겼다. 결국 얼마 못 가서 회사를 나오게 되었다.

취업, 학업, 다시 사업

대학 졸업과 동시에 나는 현실적인 문제에 부딪혔다. 대학 시절부터 교제해 온 여자 친구와 결혼을 약속했기 때문에, 가정을 꾸리기 전에 직장을 잡아야 했다. 아버지의 소개로 구두 회사에 들어가 적응해 보려고 했다. 매일 양복을 입고 출근하는 발걸음이 무겁기만 하여 계속 이렇게 살 수는 없을 것 같았다. 6개월 만에 회사를 그만두고 대학원 입시를 준비했다. 학부에서 철학을 공부하며 인간 이성의 한계 지점에서 인간의 무의식을 찾은 프로이트와 정신분석에 대해서 알게 되었다. 이론적 학문인 철학을 공부했으니, 이제 대학원에서 실천적인 도구를 제공하는 상담을 공부하면 좋을 것 같았다. 하지만 상담학을 공부하고서도 나는 그 길을 내려놓고 다시 사업으로 돌아왔다.

성장기에는 섬세하고 예민하게 타고난 기질을 감추고

사느라 힘들었고, 성인이 되어서는 부딪치고 다치며 하고 싶은 것을 해보았다. 두려움을 참고 처음 리더를 해본 경험, 사람의 내면과 외면이 불일치할 때 겪는 혼란스러움, 여행하며 낯선 사람에게서 받은 따듯한 마음 등 삶의 모든 경험은 나의 경계심을 누그러뜨리고 타인을 신뢰할 수 있도록 도와주었다.

철학을 공부한 덕분에 나는 제품의 본질을 이해하는 것을 중요하게 생각한다. 이를 토대로 신제품 이름을 짓기 때문인지, 사업하면서 제품명을 잘 짓는다는 말을 많이 들었다. 푸드 트럭 운영, 마스크 판매, 영상 제작 등 20대에 뛰어든 사업이 다 망했지만, 내가 겪은 일 중에 쓸 데 없는 경험은 없었다. 빙빙 먼 길을 돌아온 것 같지만 다 필요한 과정이었다고 생각한다.

사장의 덕목 중에 내가 가지고 태어난 것은 아무것도 없었다. 나 자신을 포함해서 누구도 내가 사장 역할을 제대로 감당하리라고 예상하지 못했다. 그럼에도 사장이 되기로 결심하고, 사장으로 살아왔다.

사장을 해보니, 사장은 누구나 할 수 있지만 아무나 하는 일이 아니다.

호의와 신뢰를 배운 여행

나 홀로 무전여행도 많이 다녔다. 전라도의 어느 마을에서는 한 할아버지 집에서 신세를 졌다. 할아버지께서 손님이 왔다고 불을 너무 세게 지피는 바람에 뜨끈한 온돌방에서 오히려 잠을 설쳤다. 아침으로 고등어조림을 한 냄비 주셨는데, 비린내가 많이 나서 내 입맛에는 맞지 않았다. 푸짐하게 차려 주신 음식을 남긴 채로 상을 물리게 되어 민망하고 죄송했다.

한번은 시험이 끝나고 갑자기 구례 행 기차를 탔다. 새벽에 지리산 입구에서 도착해서 돌아갈지 말지 몇 번이나 망설인 끝에, 정상으로 향하는 코스를 탔다. 혼자 캄캄한 산속을 걸어갔더니 어디선가 멧돼지가 '꾸웨에엑' 울어 댔다. 나는 에너지바 두 개와 바람막이 잠바 하나를 들고 산을 올랐는데, 그게 얼마나 미친 짓인 줄 나중에 알았다. 날이 밝은 후 만난 사람들이 다들 키 만한 배낭을 매고 있는 것이 아닌가? 한 등산가가 지리산 종주는 3박4일이 걸린다고 말해주었는데도 어째서 내가 바로 내려오지 않고 정상까지 가기로 했는지 기억이 나지 않는다. 몇몇 성인 같은 분들에게 의존해서 그들의 밥과 장비를 사용한 끝에 며칠만에 지리산 정상에 올랐다. 산장에서 만난 사람들은 배낭 없이 단출한 차림의 나를 보고 동네 사람으로 알았다고 했다. 텅 비어있던 내 20대의 내면은 타인의 호의로 채워졌고 세상을 향해 마음을 열 수 있게 해주었다. 타고나지 못한 사장의 덕목은 세상을 경험하며 조금씩 채워진듯하다.

Part 2

만들고 알리고 팔고
더 잘 만들기

청년창업사관학교 입교

고추장 공장 직원으로 근무하며 얼마의 시간이 흘렀다. 공장 안팎의 일은 어느 정도 익혔지만, 점점 줄어드는 매출을 개선할 방법은 보이지 않았다. 내가 새로운 아이디어를 내며 변화를 추구할 때마다 동료들은 심하게 반대했다. 이대로는 안 될 것 같은 위기의식을 느낀 나는 신제품 개발이라는 벽에 정면으로 부딪쳐 보기로 했다.

신제품은 소고기볶음고추장으로

세상은 빠르게 변하는데, 우리 회사는 50년이 넘도록 고추장이라는 같은 아이템을 전통적인 방식으로 판매했다. 소비자의 입맛도 쇼핑 방식도 달라졌는데, 가만히 앉아서 세상이 우리 제품을 알기를 바랄 수는 없었다.

나는 소고기볶음고추장에 승부를 걸기로 했다. 신제품이지만, 정확히는 30년 전에 출시된 적이 있는 제품을 리뉴얼해서 다시 내놓는 것이었다. 예전에 큰고모가 공장에서 근무하실 때 이 제품을 만든 적이 있는데, 구제역으로 육류 제품에 대한 불안이 확산하여 생산을 중단했다. 내가 만드는 법을 문의하자 고모부는 금고를 열어 소중하게 간직하던 오래된 레시피를 건네주셨다. 고모는 레시피를 주시며 "너한테 가려고 이 레시피가 남아있나보다."라고 하셨다. 회한이 서린 고모의 말씀을 들으며 감사함과 짠함이 동시에 밀려왔다.

레시피를 찾았으니, 설비만 있으면 된다. 큰 솥에 교반기가 달려있어서 타지 않도록 저어주는 기계와 공기압으로 고추장을 유리병에 담는 충진기, 두 가지가 필요했다. 더 이상 소고기볶음고추장을 만들지 않으니까, 기계를 처분한 지 오래였다. 당시 기계를 사갔던 중고업자에게 물어보니 일산의 한 식품 공장으로 팔려 갔다고 했다. 나는 남의 회사 창고에 처박혀 있던 기계를 다시 사와 공장에 설치했다.

얼른 소고기볶음고추장을 만들어서 사람들의 평가를 받고 싶은 마음에 들떠 있을 때였다. 마침, 둘째 돌잔치가 다가와 처음 만든 제품을 답례품으로 준비했다. 그러나 피드백을 주는 사람이 없었다. 맛이 없었기 때문이다. 오래전 레시피로 만든 소고기볶음고추장은 요즘 사람들의 입맛에 맞지 않았다.

정부 지원으로 사업을 배우다

이 문제를 어떻게 풀어야 할지 몰라 한참 헤매다가 신제품개발을 도와주는 정부 지원사업에 관해 듣게 되었다. 중소벤처기업진흥공단에서 운영하는 청년창업사관학교는 39세 미만의 청년 중 사업 아이디어를 가진 사람을 입교생으로 선발하는 프로그램이다. 1년 동안 전문적인 교육과 컨설팅을 제공해 주며 자기부담금 10%를 내면 최대 1억까지 지원해 주는 획기적인 제도다. 중소기업의 제한된 인력과 기술에 한계를 느끼며 신제품 개발을 고민하던 내게 청년창업사관학교는 한 줄기 빛으로 다가왔다.

나에게 좋은 기회는 남에게도 좋은 기회일 터이니 쉽게 선발될 리 없었다. 서류전형과 사업계획서 발표라는 까다로운 검증 절차가 기다리고 있었다. 사업계획을 문서로 작성해 본 적이 없던 나는 막막하고 두려웠다. '소고기볶음고추장을 만들어 팔겠습니다.'라는 평범한 말로는 심사위원을 설득할 수 없을 것 같았다. 나는 오랫동안 장을 만들어온 우리 회사의 강점과 해외 시장에서 거둘 수 있는 성과에 집중해서 〈한국의 장을 기반으로 한 세계적인 소스 개발〉이라는 제목으로 계획서를 작성했다. 이제 우리 제품이 해외 시장에서 팔릴만한 제품인지 아닌지 의견을 줄 시식단이 필요했다.

서울에 있는 외국인 전용 게스트 하우스를 찾아갔다. 숙소는 아침 식사로 투숙객에게 간단한 토스트와 시리얼을 제공했다. 나는 매니저를 만나 외국인 손님에게 소고기볶음고추장을 맛보게 하고 설문을 받아달라고 설득했다. 몇 주 동안 홍대, 종로, 신촌을 누비며 승낙을 받은 결과, 20여 곳에 달하는 게스트 하우스에서 시식 테스트를 할 수 있었다. 외국인들은 소고기볶음고추장에 호의적인 반응을 보였다. 한 이슬람 관광객은 고추장이 발효되며 생긴 알코올 성분 때문에 종교적으로 먹을 수 없는 음식이라고 하면서도 나의 절실함을 보고 설문에 응해주기도 했다. 나는 다양한 입맛을 가진 시식단이 제공한 데이터를 면밀히 분석하여 사업계획서에 반영했다.

간절하면 통한다고 했던가. 청년창업사관학교에서 합격 통보를 받았다. 눈물이 날 정도로 감사했다. 한국에서 야후를 창업한 이금룡 회장님, 신제품 개발 노하우를 강의하신 김기석 교수님, LG전자의 패키지 제작을 하는 사장님 등 전문가들이 알려주는 생생한 사업 노하우는 나에게 꼭 필요한 것이었다. 회사의 강점과 약점, 위기와 기회를 분석하는 SWOT 수업은 경영학 개론을 들은 대학생이면 다 알법한 내용이었지만, 철학과 심리학에 매진해 온 내게는 신세계였다. 실용적인 공부가 주는 에너지를 느끼며 수업 내용을 신제품에 바로바로 적용해 보았다.

환상의 맛을 찾아서

학교에 다니며 소고기볶음고추장의 컨셉을 잡고

있을 때의 일이다. 당시 시장은 HMR(Home Meal Replacement 반조리 혹은 완제품으로 판매되어 간편하게 조리하거나 바로 먹을 수 있는 식품) 중심으로 재편되고 있었다. 나는 제품 개발에 참여할 컨설턴트를 모셔 왔는데, 그는 우리 제품도 급성장하는 HMR 시장에 올라타야 한다고 강조했다. 컨설턴트로 참여한 분이 마치 우리 회사의 일원인 것처럼 머리를 싸매고 같이 고민해주셨지만, 진전없는 긴 회의가 이어졌다. 방향은 알겠는데 방법을 찾지 못하여 헤매고 있던 것이다.

"제품에 고기를 잔뜩 넣으면 어떨까요?"

컨설턴트는 내 말을 듣고 무릎을 '탁' 치며 아주 좋은 생각이라고 했다. 고추장이 조리를 위한 양념이나 소스가 아니라 그 자체로 완전한 식품이 될 수 있을까? 제품에 고기가 풍성하게 들어있으면 다른 반찬 없이 손쉽게 건강한 밥상을 준비할 수 있겠다는 결론이 나왔고, 그게 바로 HMR 제품이었다. 지금 생각해 보면 답은 가까이에 있었는데, 그 답을 도출하기까지 미지의 세계를 돌고 돌아가는 인고의 시간이 필요했다.

나는 신제품의 타깃을 건강한 맛을 찾는 30대 여성으로 잡았다. 바로 나의 아내 같은 사람이었다. 맛을 정하는 임무를 맡은 아내가 고모가 주신 레시피를 자신의 입맛에 맞게 수정해 나갔다. 수도 없이 만들고 먹고 버리기를 반복했다. 조그만 냄비에 이것저것 재료를 넣어 맞추다 보니 어느 순간 딱 그 맛이 났다. 입에 착 붙는 맛, 적당하고 완벽한 감칠맛이었다. 아내와 나 둘 다 "이거다!"를 외쳤다. 우리는 계량도 하지 않고 재료를 넣었던 터라 전 과정을 복기하면서 맛을 찾았다. 환상의 맛을 낸 재료를 재조합하는 과정은 흥분되는 일이었다. 원본 레시피를 끊임없이 수정하던 아내의 손끝에서 새로운 맛이 탄생하던 날을 지금도 잊을 수 없다.

　혼신의 힘을 다해 트렌드에 맞는 HMR 신제품을 출시한다고 하여도 대량 생산한 제품과 차별화가 필요했다. 작은 회사에서 소량으로 만드는 제품은 규모의 경제를 구축한 대기업과의 가격경쟁에서 살아남을 수 없다. 우리가 수익을 내려면 프리미엄, 홈메이드 수제품과 같은 차별성이 필요했다. 당시 우리 회사는 도축장 맞은편에 위치하여 싼 가격에 암소 한우를 납품받고 있었다. 직판장의 직원들이 손으로 잘게 다져서 주니 기계로 갈아서 나오는 고기와는 다른, 씹는 맛이 살아있는 소보기볶음고추장을 구현할 수 있었다. 나중에 구매량이 많아지자 더 이상 썬 고기를 판매할 수 없다고 알려왔지만, 신제품을 출시한 초창기에는 거래처의 도움으로 수제 공정을 유지할 수 있었다.

고추장을 새롭게 하라

신제품의 맛만큼이나 중요한 것이 포장이었다. 나는 고추장의 고루한 이미지를 떨쳐내고 싶었다. 고추장이 백화점에서 파는 올리브유 같은 대접을 받길 원했다. 그러려면 사람들을 궁금하게 만드는 새로운 네이밍과 패키징이 필요했다. 제품 이름은 소고기볶음고추장을 줄여서 소리 나는 대로 쓴 한글 이름 '소보꼬'로 지었다. 빨간색 플라스틱 통 대신 유리 용기에 고추장을 담은 후, 소장 욕구가 생길 정도로 매력적인 디자인을 입히고자 했다. 고심 끝에 고추장의 빨간색과 흰 글씨가 조화를 이루는 모던하고 깔끔한 패키징이 완성되었다.

소보꼬는 좋은 이름이었다. "고추장 시식해 보세요."라고 홍보했으면 관심을 두지 않았을 사람들이 "소보꼬? 소보꼬가 뭐야?" 하며 다가왔다. 맛을 보는 동안 손으로 직접 다진 한우를 듬뿍 넣었다는 설명을 하면 사람들이 스르륵 지갑을 열었다. 제품의 맛과 타겟 시장, 프리미엄 컨셉이 정해지니 방향이 명확해졌다. 나는 더 이상 무엇을 해야 하는지 찾지 못해 헤매는 사람이 아니라, 뚜렷한 소비자층을 대상으로 분명한 목적을 가진 상품을 소개하는 사람이 되었다.

청년창업사관학교를 발판으로 도약

나는 청년창업사관학교라는 관문을 거치며 내 이름으로 사업자등록증을 내고 처음부터 다시 시작할 발판을 마련했다. 별미식품공사와 별미식품사를 잇는 특별한맛 주식회사의 사장이 되어 고추장 공장 이전 신축 계획도 구체화했다.

청년창업사관학교 프로그램은 정부 지원금으로 사업을 할 수 있게 도와준다. 정부는 기업에 총 1억 원의 지원금을 주고, 기업은 1천만 원의 자기 부담금을 낸다. 천만 원이 큰돈이지만, 열심히 일하면 종잣돈을 모으는 것이 불가능하지 않다. 만일 사업이 실패해도 성실하게 사업을 진행한 경우라면 정부에서 받은 돈을 돌려달라고 요구하지 않는다. 다만, 불성실하게 사업을 한 기업은 지원 금액을 반환하는 경우도 있으니 섣부르게 도전하는 일은 없어야 하겠다.

청년창업사관학교에 있으면서 아이디어 상태인 제품을 다듬고 출시하는 전 과정을 밟아본 경험은 나에게 정말 소중했다. 청년창업사관학교는 내가 프로젝트를 수행하는 동안 이룬 성과를 인정해 주어 중간평가 이후 지원 금액을 상향 조정해 주었다. 입교할 때 받은 첫 평가에서는 높은 점수를 받지 못했지만, 짧은 기간 동안 제품 완성도를 높이고 매출을 발생시킨 것이 추가 지원을 받는데 주요하게 작용했다.

청년창업사관학교를 졸업하고 1년 동안은 자립 기간이었다. 이 기간에 나는 소보꼬를 판매할 수 있는 곳이라면 전국 어디든 달려갔다. 거래처가 늘어나니 매출이 상승했다. 이런 노력 덕분인지 우리 회사는 청년창업사관학교 우수 졸업기업이 되었다. 우수 졸업기업에는 1년간 추가 지원을 제공하는 제도가 있었는데 우리에게 그 기회가 주어진 것이다. 이때 받은 자금으로 우리는 고추장을 소포장하는 기계를 구입하고, 후속 제품 개발에 박차를 가했다.

청년창업사관학교를 다니며 효자상품을 개발하기 전까지 아버지는 내가 고추장 업계에서 일하는 것을 부정적으로 생각하셨다. 소보꼬가 출시 1년 만에 시장에 안착하자 아버지의 평가는 180도 바뀌었다. 그해 연말 아버지는 내게 사업 전반을 맡아서 해보지 않겠냐고 물으셨다. 처음으로 나의 노력을 인정해 주고 사업적인 감각에 신뢰를 보여주신 것이다. 아버지는 나에게 사업을 물려주신 후 소보꼬 전도사로 활동하신다. 동네 골프 모임이 있으면 늘 소보꼬 선물 세트를 사서 돌리셨고, 소보꼬를 맛본 아버지 친구분들의 소개로 더 많이 알려지게 되었다.

정부 지원사업의 존재 이유

특별한맛주식회사가 지금껏 성장하는 데에는 정부의 적절한 자금 지원과 창업프로그램 덕이 컸다. 청년창업사관학교 외에도 우리 회사는 매년 다수의 정부 지원사업을 활용해 자금과 기회를 획득했다. 우리 사업을 관리해 온 한 전문위원님은 기업 평가를 마치며 그간 좋은 성과를 내줘서 고맙다고 하셨다. 지원받는 쪽인 우리가 고마움을 표현해야 마땅한데, 책임감 있게 자금을 썼다고 칭찬받을 일인가 의아했다. 얼마나 지원사업을 남용하는 회사가 많으면 그런 말을 하는지 그분의 고충을 어렴풋이 헤아려 볼 수 있었다.

중소기업에 꼭 필요한 정부 지원사업은 국민의 피땀이 섞인 귀한 세금으로 운영한다. 나라에서 기업 지원 제도를 만드는 이유는 중소기업이 활로를 찾고 발전하도록 돕기 위해서이다. 혜택을 받은 중소기업이 받은 기회와 자원을 잘 활용해서 사회에 기여하는 선순환을 이룰 때 책무를 다하는 것이다. 뚜렷한 수익 창출 모델 없이 정부 지원으로 연명하는 좀비기업이나, 눈먼 돈이라고 지원금을 흥청망청 쓰는 기업이 없어야 더 많은 기업이 혜택을 받을 수 있다.

청년창업의 든든한 동반자

지금 방구석에서 사업의 꿈을 키우고 있는 청년이 있다면 망설이지 말고, 청년창업사관학교를 활용해 보길 바란다. 갈수록 청년창업사관학교 지원자가 늘어서 경쟁이 치열해졌다고 들었다. 사관학교 지원 서류를 작성할 때는 설득력 있게 사업 계획을 설명하되, 사업을 반드시 성공시키겠다는 지원자의 절실함을 전달하는 게 중요하다. 나에게 창업은 그냥 주어진 것이 아니라 인생이라는 여정을 헤매다 겨우 찾은 귀한 탈출구였다. 여러 전문가의 도움을 받으며 신제품을 개발할 기회를 그냥 흘려보낼 수 없었다. 나는 꼭 제품으로 인정받고 내가 계획한 일을 이루어야 했다. 서울 소재 게스트 하우스를 다 돌아다니며 의견을 모은 것, 함께 시작한 다른 기업들보다 빨리 매출을 발생시켰던 것, 모두 꼭 살아남겠다는 절박함 때문이었다.

포기하지 않고 매달린다면 좋은 결과가 있을 것이다. 설사 사업이 실패한다고 하여도, 젊은 나이에 경험한 실패는 인생에 마이너스가 아니다. 내가 청년창업사관학교에 가지 않고 하던 대로 고추장 공장을 운영했다면, 변화와 도전을 시도할 수 있었을까? 새로운 길을 가보기 전에 멈추었을 것이다. 나와 비슷한 상황을 겪은 사장님들이 창업 육성프로그램 참여를 통해서 더 넓은 시장을 바라볼 수 있으면 좋겠다.

가족 지원 : 구원 투수로 나선 장모님

잘 팔리면 잘 팔리는 대로 문제점이 생겼다. 소보꼬 출시 후 판매가 급속도로 늘어나자 생산 공정을 개선할 시스템을 만드는 일이 시급했다. 아무리 만들어도 수요를 따라가지 못하는 구조가 계속되다 보니 인력이 많이 필요했다. 어느 해 명절에는 갑자기 들어온 선물 세트 대량 주문을 소화하느라 지인, 가족까지 동원해서 아침부터 밤까지 미친 듯이 물건을 만들어냈다. 선물 세트 박스를 만들거나 병에 스티커를 붙이느라 하루도 마음 편하게 쉬지 못했다. 병뚜껑에 라벨을 붙이는 작업은 최근까지도 장모님의 몫이었다. 밤사이 장모님이 수천 개의 병뚜껑에 라벨 스티커를 붙여 주었다. 우리 집과 회사엔 장모님이 구원투수였다.

HMR 시장을 겨냥한 소보꼬

제품이 성공하기까지

모든 제품은 탄생과 성장을 거쳐 안정기에 접어들거나 사라진다. 어릴 때부터 요리에 관심이 많았던 나는 자연스럽게 식재료에 대한 안목을 기를 수 있었다. 이 장에서는 고추장 공장에 뛰어들기 전부터 시작된 나의 음식 사랑과 특색있고 멋있는 식품이 주목받기 시작한 시대적 변화를 소개한 후, 특별한맛의 상품이 시장에서 살아남은 과정을 설명한다.

요리를 좋아한 소년

어릴 때부터 새로운 식재료와 조리법에 대한 호기심이 많았다. 1990년대는 우리나라에 남녀의 역할에 대한 구분이 있었던 때다. 초등학교 때 CA 시간이 있었는데, 이 시간에는 교과 활동 이외의 프로그램을 선택할 수 있었다. 나는 전교에서 유일하게 요리를 신청한 남학생이었다. 재료 손질과 조리 방법을 구경하는 일이 즐거웠다. 새우 등을 갈라 똥을 빼는 작업, 끓는 물에 꼬막을 데치는 과정, 갈비를 정성스레 숯불에 굽는 일은 가슴을 꽉 채워주었다. 주방에는 늘 흥미진진한 일이 벌어졌고 과정 하나하나엔 음식에 대한 진심이 들어있었다.

요리에 대한 열정은 집안 내력이기도 했다. 할머니는 주일마다 가족들의 식사를 차려 주셨다. 도착하기 전까지 아무도 메뉴를 알지 못했는데, 매번 상상을 초월했다. 지금도 기억나는 할머니표 요리가 있다. 모임 하루 전날, 할머니는 살아있는 꽃게를 사서 욕조에 풀어놓았다. 그러고는 소고기 한 덩이를 던져놓고 밤새 꽃게가 포식하게 두었다. 다음 날, 할머니는 고기 먹은 꽃게 요리를 선보였다.

청소년이 된 나는 음식을 직접 해보기로 했다. 요리 선생님은 TV에 나오는 영국 요리사 제이미 올리버였다. 밭에서 갓 뽑은 채소, 한국에서는 보기 힘든 허브, 친한 동네 정육점에서 사 오는 고기가 그의 손끝에서 근사한 요리로 탈바꿈했다. 그가 친구들을 모아서 조촐한 파티를 여는 모습을 보고, 나도 TV에서 본 대로 따라 했다. 종종 친구들을 불러서 대접했는데 대나무 통 불고기 찜, 팽이버섯을 올려 발사믹 식초로 구운 가지요리, 새우 버터구이 같은 요리를 즐겨 만들었다.

수산시장과 소스 판매장에서 배운 것들

엄마 손을 붙잡고 다니던 어린이였을 때도 나는 장에 갔다. 수산물 가게 앞에 멈춰 서서 그날 들어온 생선이 무엇인지, 안에 알이 들어있는지 물어보았다. 식재료 구경을 좋아하는 나에게 철마다 새로운 생선이 들어오는 수산시장은 좋은 놀이터였다. 내가 좋아한 생선은 알이 든 청어였다. 엄마가 만든 양념장에 꼬독꼬독 씹히는 알을 찍어 먹으면 세상을 다 가진 것 같았다. 유년 시절부터 음식의 맛과 식감에 민감했다. 사장의 덕목까지는 못되더라도 식품 사업을 하기에 좋은 입맛과 안목을 가지고 있었다. 고기는 소, 돼지, 닭, 염소, 양 이상으로 뻗어가기 어렵지만, 수산물은 한계가 없었다. 생선만이 아니라 전복, 조개, 가재, 게, 오징어, 문어 등 수산물은 맛과 형태가 다양해서 늘 흥미로웠다.

수산시장에서는 식재료와 친해지고, 백화점에서는 소스와 친해졌다. 나는 성인이 된 후 틈틈이 백화점에 갔다. 몸이 이끄는 대로 가다 보면 어느새 식품 판매대에 와 있었다. 먹어보지 못한 소스나 오일을 발견하면 재정이 허락하는 한 구매했다. 너무 비싼 제품은 사지 못하고 아쉬운 마음에 발길을 떼지 못한 적도 많다.

백화점에 진열된 멋진 소스에 마음을 뺏겨본 경험은 훗날 나만의 제품을 만드는 데 영향을 주었다. 앞으로 출시할 제품은 누구나 알고 있는 고추장, 된장을 탈피해서 특별한 점이 있어야 한다고 생각했다. 그린 제품을 만들수만 있다면 틀림없이 많은 사람들이 찾을 것이란 확신이 있었다.

변하는 식문화와 신제품 트렌드

참신하고 고급스러운 식료품이 사랑받는 날이 올 거라는 나의 확신을 증명하듯, 이미 장 이외에 다른 식품군에서는 새로운 시도가 일어나고 있었다. 삼진어묵은 국물에 들어있는 어묵만 알던 사람들에게 핫바처럼 편리하게 데워먹는 식품을 내놓았다. 어묵을 간식으로 재탄생시키자, 5,000원짜리 어묵을 줄 서서 사는 일이 일어났다. 오래된 브랜드의 힘과 제품력이 만나서 생긴 성과였다. 프리미엄 막걸리 복순도가는 스파클링 와인과 같이 탄산이 들어간 음료를 내놓았다. 원래 생막걸리 뚜껑을 열면 탄산이 올라오는데, 사람들은 이를 포장의 한계 혹은 개선해야 할 대상으로 보았다. 복순도가는 오히려 탄산을 돋보이게 하여 한 병에 10,000원이 넘어도 잘 팔리는 제품을 내놓았다.

삼진어묵이나 복순도가처럼 예전 것을 창의적으로 개발한 제품이 성공하는 것을 보며 우리 회사도 앞으로 이런 방향으로 키워야겠다고 생각했다. 다행히 장은 전통적인 제품이 주류를 이루고, 응용 제품은 거의 없는 미개척 분야라 가능성이 활짝 열려 있었다. 미래를 위한 준비에 박차를 가한 우리는 새로운 장, 잼보다 예쁘고 잘 팔리는 장을 목표로 뛰었다. 특별한맛의 제품이 소비자에게 신선한 충격을 주는 제품이 되길 원했다.

소비자와 함께 만들어가는 제품

소보꼬를 출시한 후 우리는 플리마켓에서 소비자에게 직접 판매하는 방식을 택했다. 제품을 만든 사람이 소비자를 대면하면 브랜드에 대한 충성심이 올라간다. 우리의 얼굴, 우리의 제품을 알아보는 소비자들이 점차 늘었다. 이 방식은 시간과 노력이 많이 들었지만, 얻는 것도 많았다. 고객들은 늘 애정 어린 조언을 해주었고, 우리는 그런 요구를 반영하여 한 발짝씩 앞으로 나갔다. 처음 출시한 소보꼬 용량은 250g이었다. 혼자 밥을 먹는 젊은 층을 대상으로 한 HMR 제품이니 작은 크기로 만든 것이다. 그런데 판매를 해보니 30~40대 주부가 소보꼬의 주요 고객으로 밝혀졌다. 실속파인 그들은 250g은 일주일도 못 가서 다 먹는 양이라며 더 큰 제품을 구매하길 원했다. 우리는 고객의 요구가 정당하다고 생각하여 400g을 담은 소보꼬 패밀리를 출시했다. 이 제품은 곧 오리지널의 판매를 앞섰다.

소보꼬 Air의 실패

소보꼬가 안정적으로 팔리자 나는 더 많은 사람들이 소보꼬를 맛보면 좋겠다는 포부를 갖게 되었다. 꼭 해 보고 싶었던 편의점 납품에 도전했다. 커피믹스처럼 바로 뜯어서 먹고 버릴 수 있는 스틱형 제품을 고안하고 소보꼬 Air라는 이름을 붙였다. 새로운 포장 기계도 구입했다. 문제는 재료비였다. 가격이 싼 소포장 제품을 출시하는 게 관건인데, 소보꼬는 한우가 차지하는 비중이 높아 가격을 낮추는 게 불가능했다.

한번 맛보려고 제품을 구매하는 사람들에게는 부담스러운 제품이었고, 수입산 소고기를 사용해서 가격을 낮추면 한우가 들어간 볶음 고추장이라는 프리미엄 브랜드 정체성에 위배되었다. 고민 끝에 기존 한우 함량으로 소보꼬 Air를 만들었는데, 출시를 준비하는 내내 편의점에서 판매할 제품이 아니라는 의구심이 들었다.

예상한 대로 소보꼬 Air는 잘 팔리지 않았다. 비록 소포장 제품을 출시했다가 판매를 중단했지만, 제품의 크기를 바꾸어 가며 시장을 테스트해 본 경험은 자산으로 남았다. 소보꼬를 처음 만든 사람은 나지만, 소보꼬를 더 나은 방향으로 이끈 사람은 소비자이다. 소보꼬 패밀리는 소비자의 요구를 반영해 판매가 늘었고, 소비자들이 찾지 않은 소포장 제품은 살아남지 못했다. 지금도 30~40대 여성은 소보꼬의 주 소비자로 우리 회사의 가장 큰 고객층을 이루고 있다.

두 번째 히트 상품의 개발

소고기를 듬뿍 넣은 볶음 고추장인 소보꼬가 우리 회사의 첫 번째 히트 상품이라면 저당 고추장인 고맙당 고추장은 두 번째 히트 상품이다. 나에게 청년창업사관학교를 추천했던 휴팜 사장님을 통해서 당 조절을 도와주는 당조고추가 나왔다는 소식을 들었다. 그런 품종이 개발되었다는 말을 들었을 때는 실험실에서 조금 재배하는 수준일 거라고 넘겨짚었다. 어느 날, 형광색의 당조고추가 진열된 마트 매대를 보고 생각보다 널리 퍼져 있다는 것을 알았다. 이때 당조고추를 원료로 고추장을 만들어 보자는 아이디어가 떠올랐다.

당조고추를 대량으로 재배하는 농가를 찾기 위해 종자 회사를 찾아갔다. 종자 업체 사장님은 종자산업에 평생을 바친 분으로 다양한 품종을 개발하고 상품화하고 있었다. 그의 도움으로 경기도 용인에 있는 당조고추 재배 농가와 연락을 취할 수 있었다. 당조고추는 물과 영양소가 자동으로 공급되는 하우스 안에서 자라고 있었다. 내가 갔을 때는 아직 수확할 때가 아니어서, 작물을 더 키운 후 건조하고 가공을 마칠 때까지 기다리기로 했다.

다행히 당조건고춧가루를 공급받는 것은 해결했지만 당조고추로 고추장을 만드는 것은 쉽지 않았다. 풋고추 상태의 당조고추는 형광에 가까운 색깔이었고 맛도 싱거웠다. 빨갛게 익은 후 고춧가루로 만들었을 때 어떤 특징이 있는지에 대한 데이터가 부족했다. 무엇보다 당조고추로 만든 고추장이 혈당을 조절할 수 있는지가 관건이었다. 결과물에 대한 연구가 필요한데 이는 우리 회사에서 할 수 있는 영역을 벗어난 것이었다.

나는 대학교와 연계해서 제품 개발을 하기로 했다. 고추품종을 연구하는 세종대학교 바이오자원공학과 이상협 교수님을 찾아가 연구실에서 진행하는 다양한 실험 설명을 들었다. 교수님의 설명을 이해하는 데 어려움을 겪었지만, 수확이 있었다. 당조고추에 들어있는 성분인 AGI가 어떤 원리로 당을 조절하는 효과가 있는지 자세한

강의를 듣고서 나는 이 재료로 고추장을 만들면 특별한 제품이 나오겠다고 확신했다.

세종대학교와 산학연 협력 계약을 맺고 제품 개발에 들어갔다. 우리가 당조고추로 만든 고추장 샘플을 대학교에 보내면 연구실에서 관능 검사와 성능 검사를 진행했다. 원래 당조고추로 만든 고추장 안에 AGI 함량이 얼마나 되는지 성능 검사 실험 결과만 제공하기로 한 것이었는데, 교수님 측에서 한 발짝 더 나아가 대학생을 대상으로 맛과 선호도 조사를 해주었다. 덕분에 제품 개발에 필수적인 관능평가까지 한 번에 해결했다.

당 걱정 없는 고맙당 고추장

당 조절을 돕는 고추장이 정말 시장에서 팔릴 것인가는 또 다른 문제였다. 우리가 노리는 시장은 임신성 당뇨로 고생하는 주부와 당뇨를 앓거나 당뇨 위험군에 처한 사람이었다. 그러나 이들은 당에 효과적인 성분이 들어 있는 제품을 찾기보다 당 섭취 자체에 거부감이 있었고 식후 당이 튀는 것을 부담스러워했다. 당을 걱정하는 사람들이 안심하고 먹는 제품을 출시하려면 그들이 음식을 섭취하는 방식을 제조 과정에 반영해야 했다.

당시 우리가 개발하던 제품은 쌀을 발효하는 과정에서 생기는 당이 포함되어 있어서 당조고추로 만들었다는 소구점 외에 다른 킬링 포인트가 없었다. 당조고추를 넣어서 당조고추장이 되는 것보다 확실한 무언가가 필요했다. 나는 고추장의 정의를 생각해 보았다. 고추장이란 무엇인가? 고추장이 어떻게 우리의 식문화에 자리 잡게 되었나?

그러던 어느 날 TV에서 고추장을 만드는 장면을 보았다. 다른 재료 없이 고춧가루, 물엿, 소주, 간장으로 고추장을 만드는 과정이 신선했다. 패널로 나온 출연자 한 명이 곡물이 들어가지 않은 것을 고추장이라고 할 수 있느냐고 지적했는데, 나는 이 말을 듣고 '유레카!'를 외쳤다. 내가 할 숙제는 바로 곡물이 들어가지 않는 고추장을 만드는 것이었다. 그렇게 할 수만 있다면 당을 걱정하는 사람도 마음 편하게 고추장을 섭취할 수 있을 터였다.

우리는 진행 중이던 당조고추장의 연구 방향을 틀었다. 고추장을 새롭게 해석한 제품을 시장에 내놓기로 한 것이다. 건강을 생각하는 소비자는 식품 뒤에 표기된 영양성분 정보를 꼭 확인하고 산다. 나는 이제 고추장을 구매하면서도 뒷면을 확인하는 시대가 왔다는 것을 어렴풋이 깨달았다. 그리고 우리 제품이 그런 시장을 선도해 나갈 것이란 확신이 들었다. 당조고추로 만든 제품이고, 당조절을 도와주어 고맙다는 뜻을 담아 나는 제품명을 고맙당 고추장이라고 지었다.

시대에 맞는 제품

이제 막 저당 식단에 대한 관심이 싹트고 있을 때 우리는 저당 고추장을 선보였다. 적절한 타이밍에 출시한 고맙당은 시장을 선도하는 제품이 되었다. 저당 시장이 이렇게 커질 것이라고 예상하지 못했는데, 빠른 속도로 성장하는 게 느껴졌다. 마트나 편의점 매대에는 저당 제품 판매대가 생겼고 유튜브나 인스타그램을 통해 저당 식단을 소개하는 영상이 늘어났다. 자연스럽게 고맙당을 찾는 사람이 많아졌다.

운 좋게도 고맙당은 종종 TV에 등장했다. 몇 해 전부터 혼자 사는 연예인의 일상을 촬영하는 프로그램이 생기면서 냉장고 속을 공개할 일이 많아졌다. 이들이 저당 제품을 사용하자 곧 트렌드로 자리 잡게 되었다. 우리 제품은 슈퍼주니어 규현의 냉장고에 항상 등장해 지인들이 고맙당 고추장이 TV에 나왔다고 연락을 해오곤 했다.

입소문을 탄 고맙당 고추장은 당뇨 식단을 하는 사람뿐만 아니라 다이어터도 찾는다. 우리가 의도한 바와 상관없이 제품은 제 자리를 찾아갔고, 필요한 이들은 우리 제품을 찾아왔다. 이후 당뇨 식단 공급을 사업모델로 하는 여러 업체에서 OEM(주문자 상표 부착 생산) 문의를 해왔고, 각종 건강 콘텐츠를 다루는 인플루언서의 주문이 들어왔다. 고맙당 고추장은 이후로도 고맙당 저당 쌈장과 맛간장, 초고추장, 불닭 소스까지 영역을 넓히며 우리 회사의 기틀을 닦는 제품으로 자리를 잡았다.

많은 소비자가 찾는 소보꼬와 고맙당이지만, 제품을 만드는 내내 나는 이 정도로 성공한 제품이 될 것이라고 상상해 본 일이 없다. 그저 주어진 환경 안에서 최선을 다하고 꼬리에 꼬리를 물고 생기는 문제점과 의심을 제거했더니 어느새 제품 출시까지 와 있었다. 이렇게 하면 성공한다는 법칙, 성공이 보장된 제품을 개발하는 노하우는 알지 못한다. 그저 감사한 마음으로 우리 제품이 어떻게 해서 사랑을 받게 되었을지 되짚어보며 다음 제품을 준비한다.

음식을 좋아한 소년

고등학교 2학년이 되던 해에 아버지의 사업이 망했고 빚쟁이들이 찾아올까 봐 밤에 친척 집으로 몰래 숨어 들어갔다. 그날 뒤숭숭한 상황에서 잠도 제대로 자지 못하고 거의 밤을 새우다시피 아침을 맞았는데 고모가 차려주신 아침밥이 당시의 처참한 상황과 상관없이 기가 막히게 맛있었던 기억이 남아 있다. 우리의 처지를 딱하게 여긴 고모의 정성스런 밥상이었기에 그랬을 것이란 추측이다. 한편으로는 그런 상황에서도 철이 없어서 당장 내 입인에 들어가는 밥이 중요했던 게 아니었는지 생각해 본다.

특별한맛의 저당 브랜드 고맙당 제품군

판로를 개척하라

아무리 맛있고 건강하고 고품질의 제품을 만들어도 팔려야 좋은 제품이다. 안 좋은 제품을 잘 팔기는 어렵지만, 좋은 제품도 파는 사람에 따라 잘 안 팔리기도 한다. 이번 장에서는 특별한맛의 제품을 어디서 어떻게 누구에게 팔았는지 소개한다. 플리마켓에서 시작하여 수출까지 하게 된, 작은 기회가 여러 번 모여 큰 기회로 바뀐 이야기를 풀어 놓는다.

플리마켓 첫날 15분 만에 솔드아웃!?

소보꼬를 만든 다음 우리는 몇 가지 시도를 했다. 먼저 전단을 만들어 아파트 단지에 뿌렸다. 빨간 바탕에 누런 소가 있는 촌스러운 광고지를 붙이면서 '이게 되겠나?' 란 회의감이 들었다. 한편으로는 걱정이 몰려왔다. '전화가 오면 어떻게 응대해야 하지? 어떻게 설명해야 판매가 될까?' 전단을 돌린 후 단 한 건의 주문도 받지 못하자 이 방법은 아니구나 싶었다.

다음에는 아내의 권유로 맘카페에서 운영하는 플리마켓에 나갔다. 나는 50년 된 고추장 공장에서 제대로 된 마트가 아니라 동네 벼룩시장에서 제품을 판다는 사실에 자존심이 상했다. 그러나 자존심은 밥을 먹여주지 않기에 마음을 고쳐먹었다. 판매자로 첫발을 딛는 게 중요했고, 문턱이 낮은 플리마켓이 가까이 있었다. 우리는 소보꼬가 팔리지 않을 것 같은 불안감에 휩싸여 최소한으로 준비했다. 시식용 1병과 판매용 30병이 우리가 들고 간 물량의 전부였다.

마켓은 엄마들이 자녀를 학교와 유치원에 보내고 난 오전, 경기도 광주 외곽에 있는 한 교회 지하 주차장에서

116

열렸다. 부스를 설치하다가 공장에 두고 온 물건이 생각나서 아내에게 현장을 맡기고 급하게 차로 향했다. 공장으로 향하는 데 아내가 다급한 목소리로 전화했다.

"여보! 시작한 지 15분밖에 안 됐는데 다 팔렸어! 공장 가서 빨리 좀 더 만들어와!"

아내의 설명에 따르면 부스를 열자마자 소보꼬를 시식한 손님이 옆에 있는 친구들에게 "야! 이리 와봐! 이거 엄청 맛있어!"라고 말하며 손님을 끌어왔다는 것이다. 우르르 사람들이 몰리더니 다 팔렸다고 했다. 나는 기쁘기도 하고 황당하기도 했다. '정말 소보꼬가 팔린다고? 이게 정말 되는구나.' 내가 개발하고 만든 제품을 손님에게 판매한다는 게 신기했다. 공장에 가서 부랴부랴 만들고 포장해서 플리마켓 마감 시간까지 가지고 오기란 불가능했기에, 아쉽게도 그날은 30병 판매에 만족해야 했다.

두 번째 마켓 참가, 목표는 두 배 매출

다음 마켓 장소는 야외 공터였다. 지난번보다 두 배를

팔아보자는 목표로 60병을 만들어 갔다. 이번에도 오픈하자마자 순식간에 제품이 다 팔렸다. 심지어 소보꼬를 사지 못한 사람들이 밤이 늦더라도 가져다 달라며 전화번호와 주소를 남기고 갔다. 우리는 마켓이 끝나고 공장에 돌아와 부지런히 소보꼬를 만들었다.

경기도 광주의 구석구석을 찾아다니며 배달을 마치고 집에 돌아오니 자정이 가까웠다. 몸은 고단했지만 뿌듯했다. 배달을 갔을 때 우리 제품을 반기던 사람들의 얼굴이 계속 떠올랐다. 이후로도 우리는 열심히 플리마켓에 다녔다. 어느덧 단골이 생기고 공장으로 물건을 사러 오겠다는 사람도 생겼다. 우리는 매번 가지고 나가는 물건을 다 팔고 돌아왔다. 소보꼬는 희귀 아이템이라는 인식이 생겼고 너도나도 먼저 사 가려고 줄을 섰다.

유명 플리마켓 완판 셀러가 되기까지

동네 플리마켓에서 경험을 쌓고 얼마 후, 2주 간격으로 리버마켓이 열리는 양평 문호리에 구경하러 갔다. 북한강 변을 따라서 아기자기한 소품을 파는 하얀 천막이 줄지어 있어 아름다운 풍경을 자아냈다. 작은 부스에서 옹

기종기 먹는 따끈한 우동, 커다란 가마솥에 바로 만들어 주는 생 감자튀김, 화로에서 직접 굽는 신선한 빵, 장애인이 그린 개성 있는 초상화, 손수 만든 도자기와 도장, 하늘을 수놓는 수제 연이 장관을 이뤘다.

문호리에 마음을 뺏긴 우리는 이렇게 낭만적인 곳에서 소보꼬를 판매하고 싶다는 마음으로 가득 찼다. 하지만 문호리 리버마켓에 참여하기 위해서는 굉장히 엄격한 심사를 거쳐야 했다. 겹치는 품목은 경쟁이 있어서 셀러로 선정되는 것이 쉽지 않았다. 서류를 내고 마음을 졸이며 기다린 끝에 합격 통지를 받았다.

이곳은 참여 업체에 강한 규칙을 따르도록 했는데, 눈이 오나 비가 오나 장이 열리는 날에는 약속대로 텐트를 설치하고 판매를 해야 한다는 것이 그중 하나였다. 제품 외에도 부스 준비를 위한 일이 많았다. 마켓 총괄 감독님의 피드백을 듣고 새로운 장식을 개발하느라 공을 들였다. 추운 겨울에는 크리스마스 분위기에 맞는 조명과 오브제를 매달았고, 봄에는 대형 캔버스에 벚나무 가지를 매달고 벚꽃 그리기 이벤트를 해 호응을 얻었다. 하지만 야외에서 열리는 마켓이라 고충도 많았다. 여름 홍수 때는 문호리가 물에 잠겨 미리 설치해 둔 부스가 떠내려갔고, 떠내려온 쓰레기를 처리하느라 고생했다. 가을에는 태풍으로 천막이 날아가 멀리 찾으러 다녔다.

우리는 삼 년간 격주 주말마다 강변에서 자리를 지켰다. 처음 리버마켓을 시작했을 때는 이삼십 개의 업체가 참여했는데, 시간이 지나며 이백여 개의 부스로 늘어났다. 마켓 규모가 커지자 방문자 수가 삼천 명을 넘었다. 소보꼬는 문호리에서 히트 상품으로 자리를 잡아 백 병이든 이백 병이든 가져가는 대로 다 팔렸다. 이럴 때를 대비해 '죄송합니다. 준비한 물건이 다 소진되었습니다.'란 안내문을 만들기도 하였다. 경기도 양평에서만 하던 리버마켓은 곧 강원도, 전라도, 충청도까지 퍼졌다. 우리는 리버마켓 셀러로 전국을 다니게 되었다.

온라인과 백화점에 진출

플리마켓에 꾸준히 참여한 일은 또 다른 인연을 만들어 주었다. 마켓에서 제품을 구매한 고객이 배우자에게 소보꼬를 소개하면서 새로운 시장에 들어서게 되었다. 소보꼬에 관심을 보인 사람은 공동구매 전문 유통업체를 경영하는 박 대표님이었다. 당시 30~40대 주부들 사이에서 카카오스토리라는 SNS가 유행했는데, 이분은 카카오스토리에서 우리 물건을 팔아보자고 했다. 우리는 유통 전문가의 전폭적인 지원을 받으며 온라인 판매를 시작했다. 소보꼬를 온라인에서 팔아본 경험이 없던 우리는 세세한 코치를 받으며 시장에 적응해 나갔다. 좋은 거래처가 생긴 것은 회사에 날개를 단 것이나 마찬가지였다. 우리는 물건을 만드는 데 집중하고 유통 판매의 걱정을 덜 수 있었다.

백화점에 소보꼬를 넣기 위한 시도도 꾸준히 했으나 몇 번의 고배를 마셨다. 그러다 가구나 소품을 전시하는 디자인 박람회에 참가했다가 뜻하지 않게 기회를 얻었다. 전혀 다른 업종의 박람회라 큰 기대 없이 나갔는데, 소보꼬가 주목을 받았다. 디자인 박람회는 우리의 타깃인 젊은 주부들이 오는 행사였고, 소보꼬는 값비싼 가구나 소품 사이에서 구매 욕구를 충족시켜 주는 가성비 아이템이었다. 우리 부스 주변에는 손님이 끊이질 않았고, 매일 5백만 원이 넘는 매출이 일어났다. 마침, 한 백화점 관계자가 이런 광경을 보고 입점 제안을 했다. 우리가 노력해서 들어가려고 해도 들어갈 수 없었던 백화점은 팔리는 제품이라는 평가를 받자 쉽게 들어갈 수 있었다.

크라우드 펀딩의 효과

당뇨인이나 당뇨 위험군을 대상으로 한 제품 고맙당 고추장은 크라우드 펀딩이라는 새로운 시장에서 제품을 알렸다. 크라우드 펀딩 플랫폼은 브랜드가 소액 투자자들로부터 자금을 모금하는 형태로, 주로 신제품을 소개할 때 사용했다. 막 크라우드 펀딩이 활성화하는 시점이라 얼리 어답터라고 불리는 선도적인 소비자들이 판매 분위기를 좌지우지했다. 얼리 어답터는 남들보다 빠르게 새로운 제품을 받아보고 꼼꼼한 사용 후기를 제공하였기 때문에 출시한 지 얼마 되지 않은 제품을 선보이는 데 최적의 서비스였다. 우리는 크라우드 펀딩이라는 새로운 시장에 도전해서 의미 있는 성과를 냈다.

펀딩 성과가 좋게 나온 것은 우리의 목표치가 높지 않았던 덕도 있었지만, 많은 사람이 저당 고추장에 관심이 있었기 때문이기도 하다. 특히 다이어트하는 사람들의 관심이 폭발적이었다. 고맙당이 출시되는 시점에 탄수화물을 적게 먹고 단백질과 지방 섭취를 늘리는 저탄고지 다이어트법이 소개되었다. 다이어트 상식을 깨는 파격적인 저탄고지 방법은 인터넷과 SNS에서 키토 식단이라는 용어를 퍼트렸다. 이런 흐름이 판매에 긍정적인 영향을 주어 고맙당 고추장은 목표치를 1,000% 달성하여 여러 차례 펀딩을 이어갔다.

크라우드 펀딩의 효과는 해당 채널에서 발생하는 매출에만 국한되는 것이 아니다. 펀딩을 통해서 입소문이 나자 자사 온라인 판매도 늘어났다. 게다가 기업들도 우리 신제품에 관심을 보였다. 식품시장이 건강식 위주로 재편되면서 다이어트식, 혈당 관리식, 저염식 등 새로운 업체들이 생겨났는데 이들은 신제품을 찾는 창구로 펀딩 서비스를 자주 들여다보았다. 우리는 여러 군데 당뇨식 제조 업체와 거래를 하게 되었다. 크라우드 펀딩을 통해 OEM 시장으로 발을 딛게 된 것이다.

쿠팡에서 억대 매출 달성

우리는 계속해서 온라인 판매를 늘리는 방안을 찾았다. 먼저 프리미엄 제품이라는 이미지를 고수하기 위해 마켓컬리에 입점하길 희망했다. 우리의 바람대로 마켓컬리에 제품을 넣었지만, 생각보다 매출이 많이 발생하지 않았다.

다음으로 국내 최정상 온라인 상점인 쿠팡에 관심을 가졌다. 그 시점에 새로 입사한 직원이 있었는데, 그녀는 우리가 카트에 제품을 싣고 택배차까지 옮기는 것을 보더니 이렇게 말했다. "언젠가 팔레트에 물건을 쌓아서 지게차로 옮기는 날이 올 거예요." 허무맹랑한 소리라고 생각하고 웃고 넘겼다.

어느 날 그 직원이 쿠팡에 광고를 집행해 보자고 제안했다. 직원이 자발적으로 이런 의견을 냈다는 게 몹시 기뻤다. 나는 반신반의하는 마음과 의욕 있는 직원이 전의를 상실하지 않는 게 중요하다는 마음이 둘 다 있었지만 추진해 보라고 말했다. 광고 집행의 효과는 엄청나서, 회사 온라인 매출은 상상을 초월하는 판매고를 찍었다. 매주, 매달 얼마나 성장이 얼마나 가팔랐던지 내가 매출 그래프를 잘못 본 것은 아닌지 의심할 정도였다. 쿠팡에서 연초 월 삼백만 원가량이었던 판매액은 연말이 되자 억대를 기록했다. 온라인에서만 삼십 배가 넘는 성장을 한것이다. 나중에는 팔레트에 물건을 가득 싣고 지게차로 택배차에 제품을 올리는 광경을 목격하게 되었다. 만일 광고 집행을 추진했던 직원이 없었다면, 내가 광고 집행을 반대했다면 어떻게 됐을까? 생각만 해도 아찔하다.

해외 시장 공략은 시작됐다

이제 해외에서도 고맙당을 만날 수 있다. 미국의 장 조지 셰프가 고급 아시안 푸드 마켓을 개점하면서 우리 제품을 진열했다. 한국의 대표 소스인 고추장 분야에 고맙당이 뽑혔다는 정말 게 기쁘다. 아마존을 통해서도 고맙당 시리즈를 판매 중이다. 해외에서 한국 식품을 찾는 수요가 늘어남에 따라 특별한맛은 꾸준히 수출용 제품을 개발 중이다. 아직은 초기 단계이지만 머지않은 미래에 수출로 또 한 번 도약을 해보고자 한다.

안주하지 말고, 도전하라

지난 몇 년 동안 많은 것이 변했다. 대리점을 통해서 사람 대 사람으로 판매하던 방식에서 온라인 시장으로, 전단 홍보에서 동영상으로, 동네 플리마켓에서 해외 유통 플랫폼으로 사업의 방식이 모조리 바뀌었다. 우리가 판매하는 제품은 예나 지금이나 고추장 된장인데, 변하는 세상에 적응하기 위해서는 용기가 필요했다. 지금은 용기라는 그럴듯한 단어를 쓸 수 있지만, 당시에는 물에 빠져 지푸라기라도 잡는 심정으로 허우적댄 것에 가깝다. 그저 무언가 붙잡고 시도하던 행위가 반복적으로 쌓여 지금이 된 것이다.

이제 어떤 지푸라기를 잡아야 할지 어느 정도 판단할 수 있다. 나는 3대를 이어오는 고추장 공장 운영을 하면서, 그리고 새로운 제품으로 넓은 시장을 접하면서 왜 기업가들이 창조적 혁신을 외치는지 조금이나마 이해하게 되었다. 절박함이 없는 사업은 퇴물이 되고, 현실에 안주하면 세상에 뒤처진다.

판로를 개척하는 것은 배가 새로운 항로로 나아가는 것처럼 설렘과 걱정, 기대와 불안이 교차하는 경험이다. 가는 길에 풍랑을 만나 좌초하더라도 가보지 않은 것을 후회하는 것보단 낫다. 만약 두려워서 제자리에 머물러 있다면 그것보다 끔찍한 일은 없을 것이다. 나는 판로를 찾는 과정에서 실패를 많이 겪었지만, 신대륙을 발견하는 환희도 맛보았다. 그 점에 참 감사하다.

TV 출연

매출이 늘어나면서 마케팅에도 힘을 쏟기로 했다. 하지만 적은 수익으로 마케팅 비용까지 충당하기엔 한계가 있었다. 건강식을 소개하는 TV 프로그램을 통해서 고맙당이라는 브랜드를 알리고 싶어서 알아보니 잠시 TV에 나오는 비용이 수백에서 수천만 원까지 든다고 했다. 우리 실정에 맞지 않는 방법이라 포기했는데, 어느 날 방송국에서 전화가 왔다. '생방송 투데이'라는 TV 프로그램의 방송 작가였다. 작가님이 인터넷에서 우리 회사를 찾아보고 섭외하기 위해 직접 연락을 한 것이었다. 특별한 맛주식회사의 제품을 촬영하고 싶다고 하며 비용은 없다는 말을 덧붙였다. 바로 얼마 전 TV 프로그램에 나가려면 큰돈이 든다는 걸 알았는데 이런 전화를 받았다는 게 믿기지 않았다. 방송국 촬영을 하고 TV에 나갔더니 온라인 판매가 급속하게 늘었다.

사장이 되기 전엔 몰랐던 것들

소비자에게 제품을 알리고 판매처를 늘리기 위한 일은 언제나 밝은 면과 어두운 면이 있다. 소비자에게 보여주는 쪽은 완벽하고 정갈하지만, 무대에서 손님을 만나기까지 제조자는 많은 수고를 한다. 이번 장에서는 플리마켓에서 경험을 쌓은 후 특별한맛이 박람회와 백화점이라는 더 큰 시장으로 진출한 경험에 관해 이야기한다.

박람회 참여는 필수

박람회는 코엑스나 킨텍스 같은 컨벤션 공간에서 기업이 부스를 운영하며 자사의 제품을 홍보하고 판매하는 자리이다. 규모나 종류에 따라 차이가 있는데 통상 수요일에 시작해서 토요일에 끝난다. 식품 분야에는 1년에 두 번 큰 박람회가 있다. 상반기에는 일산 킨텍스에서 서울 국제식품산업대전이 열리고, 하반기에는 강남 코엑스에서 FOODWEEK가 열린다. 이 외에도 지역별로 주최하는 박람회와 메가쇼, 명절 선물전, aT센터에서 진행하는 농식품 박람회 등이 연중 개최된다.

원래 식품 박람회의 목적은 유통 업체나 소비자에게 신제품을 소개하고 홍보하는 것이지만, 최근 몇 년 사이 시중보다 저렴한 가격으로 물건을 판매하는 장으로 변했다. 산업 박람회의 본 목적과는 다르게 도떼기시장처럼 되어버렸기에 몇몇 박람회는 평일에는 업계 종사자를, 주말에는 일반 참관객을 입장시키는 방침을 세운다. 하지만 시장 같은 분위기가 부정적인 측면만 있는 것은 아니다. 박람회를 주최하는 측에서는 기업체 중심의 딱딱하고 경직된 분위기보다 활력 있는 행사를 만들고, 참여

한 업체는 소비자의 반응을 즉각적으로 취합할 수 있다. 또한 참관객을 SNS 홍보 채널로 유입시켜 지속적인 광고 효과를 낳기도 한다. 식품 박람회 주관사는 관람객의 수를 늘릴 수 있어서 좋고, 참여 업체는 매출을 올릴 수 있어서 좋고, 관람객도 다양하고 새로운 제품을 부담 없는 가격에 구매할 수 있어서 모두에게 특별한 경험을 선사해 준다.

고추장이 떠오르지 않는 컨셉으로

처음 나간 박람회는 코엑스에서 열리는 FOODWEEK였다. 박람회 경험이 전무하여 아는 것이 없었다. 아내가 박람회 신청과 같은 행정 업무를 하기로 하고, 나는 부스 컨셉을 정하고 설치하는 역할을 맡았다. 우리는 문호리 리버마켓에서 판매한 경험을 바탕으로 시식 행사를 진행하며 소보꼬를 판매하기로 했다. 일회용 소주 컵에 흰 밥을 넣고 김 가루와 소보꼬를 비벼 먹을 수 있게 제공했다. 갓 지은 밥에 소보꼬를 얹으면 맛이 없을 수가 없었다.

시식을 진행하려면 준비할 게 많았다. 박람회장에서는 쌀을 씻을 수가 없어서 미리 씻어서 큰 통에 담아갔다. 식자재 마트에서 파는 대용량 김 가루를 넉넉히 구매하고 크기가 작은 아이스크림 숟갈과 소주 컵을 주문했다. 감칠나게 한 입 분량으로 준비한 비빔밥은 관심을 끌 만했다.

프리미엄 수제 볶음고추장이라는 소보꼬의 제품 컨셉에 맞추어 보기 좋고 안전한 집기를 구하려고 온갖 곳을 돌아다녔다. 이케아가 한국에 막 상륙했을 때라 가장 먼저 달려갔고, JAJU, ZARA, H&M HOME, 모던하우스는 문턱이 닳도록 드나들었다. 부스 준비 과정 하나하나에 정성을 쏟은 결과, 세련되고 단순한 스테인리스와 나무 두 재질의 조합으로 박람회 살림을 마련했다.

우리가 가장 중요하게 생각했던 점은 부스 외관을 완전히 새롭게 하자는 것이었다. 고추장을 떠올릴만한 전형적이고 전통적인 컨셉만은 피하고 싶었다. 그간 박람회에 나오는 다른 장류 업체들은 항아리에 지역 특산물로 만든 고추장을 담아서 진열했다. 기존의 패턴을 답습하지 않으면서 우리 제품이 무엇인지 알게 할 방법이 필요했다. 고추장과 세련됨의 연결고리를 만들기 위해 고민을 거듭했다. 숙고 끝에 나무 재질과 노란 조명을 사용하여 전체 공간을 따뜻한 컨트리 풍으로 꾸미고, 흰색과 빨간색을 더하기로 결정했다. 부스 양옆의 기둥에는 고추 모형을 다발로 엮어서 걸어놓고 나무 팔레트를 활용한 간판을 직접 제작해서 '소보꼬'라는 이름을 새겨 넣었다. 이렇게 준비한 소보꼬 부스는 전통과 현대가 만나는 브랜드를 보여주기에 적합했다.

엉뚱한 장소에서 예상치 못한 결과

박람회에서 부스 위치는 다른 어떤 변수보다 중요하다. 장사는 '목'이 중요하기 때문에 부스가 어느 곳에 위치하는지에 따라 성과가 달라진다. 하지만 자리 배정은 주최 측의 권한이어서 참가 업체가 선호하는 자리가 있다고 바꿀 수 없었다. 게다가 첫 참여라 자리의 중요성을 알지 못했고 어느 자리가 좋은 자리인지도 예상할 수 없었다.

부스를 꾸미기 위해 행사장에 도착한 날, 짐을 가득 실은 카트를 끌고 이동하다가 이상한 점을 발견했다. 식품박람회에 신청했으니 코엑스 1층 전시관으로 배정받을 것으로 생각했는데, 우리 부스는 3층 C홀에 있었다. C홀에는 베이커리 제품과 디저트류를 취급하는 업체가 몰려 있었다. 아무래도 주최 측에서 우리 제품을 잼으로 착각한 모양이었다.

전시장에 들어가는 순간부터 나는 부스 신청을 맡은 아내에게 불만을 쏟아내었다.

"박람회 신청을 할 때 취급 품목을 말했을 거 아니야!"
"했지, 그런데도 담당자가 착각했나 봐."
"부스 위치 안내를 받았으면 확인했어야지!"
"했이! 근네 내가 부스 번호만 보고 어디가 어딘지 어떻게 알아!"

당장 다음날부터 전시 시작인데, 이제 와서 화를 내 보아도 소용이 없었다. 되돌릴 방법은 없었다. 우리는 주섬 주섬 부스를 꾸미고 낙담한 채 집으로 돌아왔다.

다음날 무기력한 발걸음으로 박람회장을 찾았다. 베이커리 코너를 찾은 고객들이 그 사이에서 판매하는 고추장을 외면한다고 해도 전혀 이상하지 않았다. 착잡한 심정으로 판매를 시작했는데, 얼마 지나지 않아 사람들이 우리 부스에 줄을 서기 시작했다. 처음에는 '이게 뭐야?' 하고 호기심에 발을 멈춰 서더니, 시식하고서는 정말 좋아하면서 "이런 게 꼭 필요했다."고 구매해 갔다. 앞 사람이 사는 것을 보고 뒤에 있는 사람은 덩달아 지갑을 열었다. 그날 박람회가 끝나기도 전에 가져간 제품이 동이 났다.

어떻게 이렇게 뜨거운 반응을 얻었는지 영문도 모른 채 판매에 열중했는데, 일을 마치고 여유 있게 주변을 둘러보니 답이 나왔다. 손님들이 계속해서 머랭 쿠키, 마카롱, 크루아상 등 달콤한 디저트를 시식하며 돌아다니다 보니 매콤한 밥이 생각났던 거였다. 그러고 보니 사람들이 한 말이 떠올랐다. "아, 이제 살겠네~", "쓸데없는 것들(디저트류)도 샀으니 이제 진짜 필요한 것(고추장)을 사야지."라며 우리 부스에 들렀다. 위치가 나빠서 박람회를 망칠 것으로 생각했는데, 전화위복이 되었다.

더 멀리, 더 엉뚱한 곳으로

첫 박람회 경험은 큰 밑천이 되었다. 이후로도 우리는 매년 10번씩 박람회에 참여했는데, 식품, 전통, 발효와 관계없는 디자인, 가구, 카페 박람회를 공략했다. 특별히 우리는 디자인 박람회에서 이목을 끌었다. 1960년대부터 제품의 디자인이 어떻게 바뀌었는지 변천사를 소개하며, 그간 고추장을 새롭고 아름답게 만들려고 노력해 왔음을 보여주었다. 또한 커피 스틱 포장 용기에 담은 소보꼬 Air 제품이 당해 년도 굿디자인 어워드를 받았기에, 디자인 페어에서 성과를 자랑할 수 있었다.

다른 박람회에 비해서 참관객 수가 두세 배 이상 많았던 카페쇼도 우리가 단골로 참여한 박람회였다. 커피 산업에 관심이 있는 사람은 젊은 층이었다. 우리의 목표는 고추장을 개선하여 젊은 고객의 관심을 받는 것이었기에, 기존의 식품군을 탈피해서 새로운 시장을 두드렸다. 카페쇼에서는 멕시코 음식인 부리토에 넣는 소스로 소보꼬를 사용하자는 제안을 받기도 했다. 나는 자금이 빠듯했지만, 새로운 시도 앞에서 또 한 번 투자하기로 했다. 얼마 후 소보꼬 부리토는 냉동 제품으로 만들었는데 한동안 판매하다가 냉동 유통망을 확보하지 못하여 생산을 중단하였다. 이처럼 고추장과 직접적인 관련이 없는 카페쇼에서 신제품 개발 아이디어와 새로운 사업 기회를 테스트해 볼 수 있었다. 역발상으로 추진한 일은 우리에게 또 다른 길을 열어 주고 결실로 돌아왔다.

이후에도 박람회마다 조금씩 특별한맛의 지경을 넓혔다. 메추리알 소보꼬 비빔밥을 판매하기도 하고, 비건 시장에 맞는 제품을 선보이는 장으로 활용하기도 했다. 박람

회는 새롭지 않으면 안 된다는 강박적인 창작 욕구를 일으
켰고 회사의 비전과 미션을 재확인하는 계기가 되었다.

철수 전쟁, 마감 작전

박람회가 끝나면 전시장의 화려함과는 정반대의 상황
이 펼쳐진다. 참관객이 다 빠져나가면 업체는 모든 집기
를 정리하고 운반 전쟁에 돌입한다. 각자 카트에 테이블,
전시하고 남은 제품, 현수막, 각종 집기를 쌓아서 우르르
빠져나가는 진풍경이 펼쳐지는데, 그 모습은 마치 전쟁
통에 피난 가는 행렬과 흡사하다. 처음 몇 번은 그 피난민
틈에 껴서 거대한 화물 엘리베이터를 타고 지하와 지상
을 왔다 갔다 했다. 하필 화물 엘리베이터는 왜 그리 고장
이 잘 나는지, 사람과 물건으로 가득 찬 승강기 문이 수시
로 열렸다 닫혔다 하는 통에 인내심이 고갈되기 일쑤였
다. 며칠 동안 수천 명의 사람을 상대하느라 진이 빠진 상
태에서 엘리베이터 문이 한 번에 닫히길 바라는 간절한
마음은 겪어본 사람만 알 수 있다. 여러 차례 겪은 후 노
하우가 생겨서 전시 마지막 날에는 좀 더 일찍 철수 동선
과 타이밍을 계산해서 엘리베이터와 가까운 주차장을 확

보했다.

백화점 판매의 명암

　백화점에서 열리는 판매 행사는 박람회와는 또 다른 고충을 주었다. 화려한 백화점의 이면에는 직원 이동을 위해 개미굴처럼 만들어 놓은 통로가 있다. 스태프 전용 출구가 그것이다. 손님으로 방문할 때는 지나다닐 일이 없다가 백화점 납품을 위해서 그 길을 이용해 보고 충격에 빠졌다. 통로마다 엄청나게 많은 제품이 쌓여 있는 데다, 조그마한 방마다 여사님들이 분주하게 작업을 하고 있다. 게다가 몇 대 안 되는 직원용 엘리베이터에 각종 옷, 옷걸이, 식품 등 별의별 것들이 함께 탄다.

　우리가 백화점에 가는 시기는 선물 세트를 납품하는 명절 전이라서 더욱 혼잡했다. 상품 적재를 위해 복도 한 뼘을 차지하려는 여사님들의 전쟁은 드라마 '여인천하'에서 왕위를 놓고 싸우는 암투 못지않았다. 가끔 여사님들이 고객을 응대하느라 바쁠 때는 나에게 어려운 미션을 주었다. 엘리베이터를 타고 MF층에 내려서 냉장고가 설치되어 있는 골목으로 들어가 세 번째 문을 열고 네 번째 칸을 찾은 다음 상자로 구분한 공간에다 제품을 놓고 가라는 지령 같은 것이었다. 처음에는 미로 찾기에서 한참 헤매다가 자꾸 하다 보니 익숙해졌다.

제품을 이리저리 옮기다 보니 아내와 나의 카트 운전 실력은 나날이 늘었다. 카트에 누가 더 얼마나 많이 싣는지도 중요한 미션 중 하나였다. 아내는 늘 나보다 많이 쌓았지만 서둘러서 담는 바람에 종종 제품을 떨어뜨리곤 했다. 아내가 혼자 압구정동의 한 백화점 팝업 행사를 한 날의 일화다. 야외 주차장에 차를 세우고 짐을 옮기던 중 카트 바퀴가 엘리베이터 턱에 걸려 가져간 제품이 모두 쏟아졌다. 유리병이 깨지고 고추장이 흘러내리는 일이 발생했는데, 아내는 지나가던 백화점 직원이 보고 판매를 못 하게 하거나 문제 삼지 않을까 두려움에 떨었다. 누가 보기 전에 처리하겠다는 일념으로, 맨손으로 유리를 치우고 고추장을 닦았다. 유리 파편이 손에 박히고 상처에 고추장이 들어가 고통을 느끼면서도 허겁지겁 청소한 것이다. 어렵게 얻은 기회를 놓치지 않기 위한, 백화점에서 제품을 판매하기 위한 처절한 몸부림이었다.

보이지 않던 세계의 일원으로

소비자로 살 때는 제품이 놓인 아름다운 공간만 접했다. 그러다 생산자, 판매자가 되어 보니 제품 판매를 위해서 이루어지는 수많은 장치와 노력이 눈에 보인다. 박람회가 끝나면 목공 및 전기 업체 사람들은 부스를 철수하기 위해 사다리를 다리삼아 이 부스에서 저 부스로 저벅저벅 움직이고, 백화점 직원들은 콧대 높은 소비자에게 치인 마음을 달래러 토끼 굴 같이 연기가 자욱한 흡연실에 모여 앉는다. 조금이라도 더 팔아야 하는 절박함에 만두 하나를 자르면서도 말을 건네는 시식코너 여사님들도 달리 보인다. 그런 상황을 겪어봐서 그런 걸까, 식품을 만드는 사람이 된 후로 아이들이 마트 시식대에서 뭘 먹으면, 꼭 그 물건을 카트에 담는다.

보이는 것이 전부인 줄 알다가, 이제는 보이는 것 너머에 또 다른 세상이 존재한다는 사실을 안다. 보이지 않는 세상을 아는 것이 꼭 더 나은 삶이라고 단정할 순 없겠지만, 사업은 나를 더 겸손하고 성숙한 삶으로 이끌었다. 사업을 하면서 나의 세계는 확장되었다.

그때의 선택을 후회합니다

공장 신축공사를 하며 빨간 외벽, 소나무 등 사치를 부린 게 여럿이지만 아름다움을 포기 못 한 죄로 두고두고 손해를 보는 일이 있었다. 산을 깎아서 생긴 비탈에 세울 옹벽을 만드는 공사는 천문학적인 비용이 들어가고, 한 번 결정하면 번복할 수 없다. 나는 많은 이들이 쓰는 벽돌 모양 보강토보다 외관이 멋진 자연석으로 벽을 쌓았다. 처음 완성했을 때는 정말 근사했는데, 비가 온 날이면 문제가 생겼다. 흙이 고우니 돌 틈마다 흙이 흘러나왔다. 나중에는 돌 사이가 텅 비었다. 자연석으로 만든 옹벽은 땅이 꺼지고 벽이 허물어지는 치명적인 단점이 있었다. 또 돌은 규격이 없어서 비스듬하게 쌓게 되니 그만큼 땅의 활용도가 낮아진다. 반면 덜 예쁘다는 이유로 선택하지 않은 보강토는 수직으로 쌓을 수 있기 때문에 부지 확보에 도움이 된다. 땅 한 평이 얼마나 귀중한지 모르고 아름다움을 먼저 추구했던 초보 사장 시절의 나 자신이 어처구니없게 느껴질 때가 있다. 이왕이면 보이는 것이 아름다웠으면 좋겠다는 생각에는 변함이 없지만 보이지 않는 것의 아름다움도 볼 줄 아는 사장이 되어 간다.

돈에 웃고 돈에 울던 사장의 조언

　사업의 목표는 돈을 버는 것이다. 매일 공장의 일상이 돌아갈 수 있도록 만들어 주는 것은 돈이다. 돈을 어떻게 관리하고 사용하는지에 따라 사업의 성패가 갈린다. 돈의 언어를 익히지 못하면 비즈니스라는 나라에서 말이 통하지 않는 것과 마찬가지인데, 나는 이 언어를 몰라서 고생을 많이 했다. 돈을 알아야 돈을 다룰 수 있다. 이번 장에서는 초보 사장이 꼭 알아야 할 돈 정보를 추려보았다.

돈의 언어를 먼저 익혀라

　돈과 관련한 용어는 어렵다. 기업의 경제 활동을 담는 보고서인 재무제표만 해도 그렇다. 이해할 수 없는 단어 앞에서 이 말이 한국어인지 외국어인지 헷갈릴 때가 있다. 용어 자체가 어렵지 않다고 해도 돈과 관련되어 있다는 이유만으로 머리가 멈춰 서는 지점이 있다.

　거래처 사장님과 돈 이야기를 할 때 종종 일어난 일이다. 그들이 나에게 복잡한 셈법을 말하면, 내 머리는 점점 뜨거워지다가 멈춰버린다. 그 자리에서 나의 무지를 드러내면 회사 얼굴에 먹칠을 하는 것이니 일단 알아듣는 척하고 돌아왔다. 몇몇 노련한 사장님들은 내가 대화의 흐름을 따라오지 못한다는 사실을 알아채고는 더 깊은 대화로 넘어가지 않았다. 사업 초기에는 돈이 없어서도 고생했지만, 돈을 몰라서도 고생했다. 틈틈이 돈과 관련한 용어와 개념을 숙지하여 주기적으로 필요한 회계, 세무, 금융 업무에 차질이 없게 준비하는 것이 좋다.

잘 벌어 잘 쓰고 세금을 이해하라

초보 사장이 가장 놓치기 쉬운 부분은 세금이다. 돈을 벌어들이니 세금을 내는 것이 당연한 일인데도 세금 업무를 잘 처리하는 것이 어려웠다. 고추장은 원재료가 농산물이라 비과세 품목이다. 회사가 원료를 사 올 때는 비과세로 사 오지만 완제품인 고추장을 판매할 때는 과세로 거래하다 보니 부가세 차액이 크다. 세금 납부 기간과 원료 및 부자재 구입 시기가 겹치면 돈이 바짝 말라버려 당황스러웠던 적이 많다.

부가세는 특이하게 전년도에 부가세 예정 금액을 미리 납부하기도 한다. 세금에 대한 이해가 없던 시절, 예정 금액을 내면 벌지도 않은 돈에 대한 미래의 세금을 먼저 뜯기는 기분이 들었다. 물론 나중에 부가세 신고할 때 미리 낸 금액이 차감되기는 하지만, 처음에는 이런 방식이 불합리하게 느껴졌다.

법인을 설립하기 전, 개인사업자로 회사를 유지할 때의 일이다. 아버지로부터 사업자를 물려받고 돈을 아끼고 아끼던 시기였는데, 개인종합소득세라는 강력한 펀치를 맞았다. 당시는 소보꼬를 출시하여 소득이 생기기 시

145

작할 때였고, 버는 돈을 저축하는 방식으로 사업을 꾸렸다. 초보 사장에게는 아끼면 잘살게 되리라는 희망이 전부였기 때문이다.

사업에 필요한 물품을 미리미리 사두는 등의 적절한 지출을 하지 않고 저축만 한 결과, 소득에 비해서 지출이 적어서 세금을 많이 내게 되었다. 개인사업은 소득에 따라서 세금 구간이 나누어져 있는데, 나는 소득이 1억 원 이상인 최고 구간에 해당하여 수입의 38%를 세금으로 냈다. 이런 사실을 모르고 고지서를 받았으니, 배신감과 허탈함이 매우 컸다. 사업자 통장에 있던 돈으로도 모자라서 수중에 있던 돈을 탈탈 털어야 했다. 이 경험으로 돈에 대한 개념이 바뀌었다. 많이 벌고 잘 써서 세금을 줄이는 것도 사장이 알아야 돈 관리법이다.

나에게 맞는 전문가를 찾아라

이런 역할을 대행해 주는 것이 세무사다. 많은 회사가 세무사 사무실에 월 10~20만 원의 비용을 내고 세무, 기장 업무를 맡긴다. 세무 서비스를 하는 업체는 많으니, 자신과 잘 맞는 곳을 선정하는 것이 중요하다. 세금 폭탄을 맞았을 때 내가 찾아간 곳은 지역에서 세무서장으로 근무 후 은퇴한 분이 차린 세무사 사무실이었다. 그는 상담을 직접 하지 않고 직원에게 일임했는데, 그러다 보니 업체의 사정을 세세하게 챙기지 못했다. 또한 만날 때마다 공무원이 민원인을 대하는 듯한 태도로 일관하여 관계를 지속하지 않았다.

새로 일을 맡긴 세무사는 세금과 관련해서 주의할 사항을 미리 알려주고, 노무 관련 정보를 제공하며, 종종 회사를 방문해서 꼼꼼하게 체크해준다. 세무 업체 추천을 원한다면 필자에게 문의하기를 바란다.

외상은 하지도 받지도 말라

세금 외에도 기업의 자금 흐름에 브레이크를 거는 일은 많다. 가장 어려운 시점은 돈이 돌지 않을 때이다. 물건을 팔아도 수금을 못 하면 회사는 돈줄이 막힌다. 예전에는 지금보다 결제 관계가 복잡해서 어음이나 수표를 사용하는 퇴행적인 문화가 있었다. 한마디로 외상을 하는 것이다.

우리가 거래하는 곳 중 하나도 3개월 후에 비로소 현

금화할 수 있는 수표를 발행하는 업체가 있었다. 이런 업체가 물건을 사가면 도움이 되기보단 부담이 되었다. 우리는 납품하기 위해 재료를 사고 노동력을 투입해서 물건을 만들지만, 돈은 한참 후에 돌아왔다. 내가 사업을 맡은 후, 수표를 지급하던 회사를 찾아가 결제 방법 변경을 요청했다. 이후 거래가 급격히 줄었지만, 불합리한 거래를 계속 끌고 가는 것보다는 정리하고 가는 게 마음이 편했다.

내가 깔끔한 거래 조건을 요구하는 만큼, 상대방에게도 똑같이 적용하기로 했다. 고추장을 팔 때 선결제를 요구하면서, 재료를 가져올 때 익월 결제를 하는 것은 부당했다. 특별한맛은 기존 거래처에서 요구하기 전에 결제 방식을 바꾸었다. 이렇게 하는 데에는 할머니의 가르침이 작용했다. 할머니는 고춧가루를 살 때 반드시 현금으로 사라고 말씀하셨다. 고추장에서 고춧가루는 가장 중요한 원재료이므로, 결제 조건을 확실하게 해서 좋은 재료를 확보해야 한다는 가르침이었다. 현금으로 구매를 시작한 이후로 특별한맛과 고춧가루 공급업체 간에 신뢰는 한 번도 흔들린 적이 없고, 가격 면에서나 품질 면에서나 좋은 원료를 구입할 수 있었다.

대출을 두려워하지 말라

경기 침체와 고금리 시대에 기업의 유동자금을 확보하는 것은 매우 중요하다. 나는 사업 초기, 공장을 세우느라 많은 대출을 받은 까닭에 부담을 크게 느꼈다. 하지만 차차 대출금 상환에 대한 부담이 낮아지면서 대출을 이용하는 것에 대해 긍정적인 인식을 하게 되었다. 특히 은행권에서 제공하는 소상공인을 위한 특별 대출이나 저금리로 받을 기회는 마다할 이유가 없다.

대출을 받을 때는 최대한 정부지원금을 활용하는 것을 추천한다. 정부지원금은 거치와 상환 기간이 나누어져 있어서 거치 기간에는 원금 상환 부담이 없다. 일정 기간 후에는 이자와 원금 상환을 같이하느라 목돈이 필요하지만, 일반 은행권보다 저렴한 이율로 대출을 받을 수 있기 때문에 불확실성이 큰 중소기업에는 안정적인 자금 공급 방법이다. 하지만 원금 상환 기간이 도래했을 때 대출 기간을 연장할 수 없다는 단점이 있다.

대출 관련 정보를 놓치지 않으려면 시시때때로 기관의 정보를 취합하는 것이 좋다. 보통 소상공인에 대한 지원은 지방자치단체나 소상공인 지원 기관에서 담당한다.

특별한맛을 예로 들면 경기도에서 지원하는 사업과 여주시에서 진행하는 사업이 다르기에 둘 다 살펴봐야 한다. 내가 만나본 공무원들은 자신의 업무가 아닌 것은 모르는 경우가 많았고, 업무의 기간과 부처별 업무 경력 등의 차이로 인해 같은 지원 자금도 두 곳에서 제공해 준 정보가 일치하지 않은 적도 있었다. 담당 공무원에게 연락했을 때 한 분이 모른다고 하면 다른 담당자도 모를 거라고 넘겨짚지 말고, 최대한 만나는 사람마다 묻고, 두드리길 바란다. 확인 또 확인하는 게 중소기업 사장님이 살아남을 수 있는 길이다.

투자금 유치에는 신중하라

은행 대출 이외에 자금을 융통하는 방법은 투자금 유치가 있다. 특별한맛은 지금까지 한 번 투자를 받은 적이 있다. 2021년 11월, 회사 자금이 0원이 된 때가 있었다. 공장을 이전하며 함께 어려움을 견뎠던 직원들을 감축할 수 없었지만, 그렇다고 월급을 줄 돈이 있는 것도 아니었다. 공장을 세우느라 대출을 받을 수 있는 담보는 이미 은행권에 잡혀 있어서 더 이상 돈 나올 구석이 없었다.

그때 투자를 받을 수 있다는 공문을 보게 되었다. 기존에는 설립한 지 3년 미만의 회사만 투자를 받을 수 있었는데, 이번에 7년 미만 회사로 자격이 확대되면서 특별한맛도 지원할 수 있게 되었다. 투자 조건을 따져볼 겨를도 없이 투자금을 유치하게 되었고, 회사 지분 5%와 맞바꾼 7,500만 원의 자금을 유용하게 사용했다.

이후에도 여러 차례 투자를 받는 것에 대해 알아본 후, 받지 않기로 결론 내렸다. 투자자는 되돌아오는 수익을 최우선으로 기대하기 때문에 여러모로 회사의 경영에 신경을 쓴다. 그런 관심이 좋은 영향을 미쳐서 회사의 생산성을 향상하기도 하지만 단기적인 성과나 지표만 호전시키는 방향으로 가기도 한다. 특별한맛처럼 업력이 긴 회사는 회사의 정체성과 투자자의 전략이 상충하는 경우가 발생할 수 있고, 장기적인 브랜드 구축에 도움이 되지 않을 수도 있다. 회사 운영에 투자를 받는 것이 필요하다면 망설일 이유가 없지만, 여유 자금을 확보하기 위해서라면 투자보다 대출을 받는 방법을 추천하고 싶다.

시설 재투자는 아끼지 말라

지금까지 돈을 아끼는 법과 빌리는 법에 대해 말했다면, 이번에는 번 돈을 어떻게 관리할지 적어본다. 나는 번 돈을 쌓아놓은 적이 한 번도 없다. 회사에 필요한 것을 적어두었다가 돈이 생기는 대로 다시 투자했다. 대표적인 것이 공장 시설 보강이었다.

우리 회사는 식품을 제조하는 과정에서 발생할 수 있는 위해 요소를 분석하고 사전에 차단하는 시스템인 해썹 시설을 갖추고 있다. 하지만 한가지 취약 요인이 있었다. 개폐형 양 문을 여닫는 시간에 벌레가 유입될 위험이 있다는 점이었다. 해썹 관리자는 문이 열려 있는 것을 볼 때마다 잘 닫으라고 지적하고, 생산 직원들은 바빠서 뒤돌아볼 틈도 없는데 매번 무거운 문을 닫아야 한다며 불평했다. 둘 사이에 잦은 갈등을 피할 수 없었다. 문제점을 인지하고 있었지만, 자금이 부족해서 자동문 공사를 바로 진행하지 못했다. 벼르고 벼르다가 여유 자금이 생기자마자 문 공사를 진행했다.

자동화 시설 구축도 번 돈을 시설에 사용한 예시 중에 하나다. 중소기업에서 생산직 직원을 구하는 것은 하늘의 별 따기만큼 어려운 일이다. 어떤 직원이 와도 문제가 없게끔 생산 시설을 자동화하는 것은 나의 큰 숙제이자 꿈이었다. 자동화 시설을 갖추는 것은 비용이 어마어마하게 들어가는 큰 프로젝트일 뿐만 아니라 한 번도 시도해 보지 않은 새로운 도전이었다. 특별한맛은 직원들의 고령화가 심각했는데, 공장 자동화 이후 여건이 나아져서 젊은 직원이 합류하였다.

공장을 업그레이드 할 때마다 번 돈은 빠져나가기에 바빴다. 하지만 돈을 쌓아 둘 때보다 더 큰 수익이 되어 돌아왔다. 무엇보다도 장기적인 계획을 세워서 앞으로 닥칠 문제를 대비하는 효과가 컸다. 지금 생각해도 제품을 팔아서 번 돈으로 시설투자를 하길 잘했다고 생각한다.

돈 욕심을 부리지 말라

여전히 특별한맛에는 공장을 지으며 생긴 빚이 남아있다. 그러나 공장용지의 땅값이 오르고 매출이 상승하면서 남은 빚은 더 이상 큰 문제가 아니다. 또한 갚아야 할 원금과 이자 이상의 수익이 창출되어 더 이상 은행에 갈 때마다 마음 졸이는 일이 없다. 이자를 낼 때마다 숨통이 조여오는 통증을 느끼던 내가 요즈음은 이자가 언제 나가는지 따지지 않을 만큼 여유가 생겼다. 나라가 돈을 뜯어 가는 기분이라고 여기던 세금 납부에 관한 나의 마음도 언제부터인가 당연히 낼 돈을 내는 납세자의 자세로 돌아가 있었다.

사업하면서 한 번도 돈에서 자유로운 적이 없었다. 물건을 열심히 만들어서 부지런히 팔아야 통장에 잔고가 조금씩 쌓인다. 돈이 들어올 다른 구석은 없으니, 요령 피울 데도 없다. 돈을 버는 것은 열심히 피땀 흘린 노고의 결과물이다. 나는 여전히 세금계산서를 끊을 때 누가 사업자등록증을 건네주어야 하는지 헷갈리고 어려운 금융용어 앞에서 머리가 멈춰버리는 사람이다. 하지만 지금까지 큰 문제 없이 사업을 이끌어온 것은 돈에 욕심부리지 않았기 때문이라고 생각한다.

외할아버지의 돈

할머니, 아버지를 이어 내가 3대째 고추장 사업을 하지만, 두 분이 하신 사업이 큰 규모는 아니었다. 하지만 어머니의 말씀에 의하면 외할아버지는 진짜 사업가였다. 할아버지는 석유난로를 만드는 기술로 '하이파이'라는 회사를 설립하셨는데, 큰 부를 얻어 훗날 어머니가 다니던 초등학교에 농구장을 지어줄 정도였다고 한다. 하지만 후에 석유파동으로 부도가 나서 공장으로 사용하던 건물 한 채 만을 남기고 전 재산을 팔게 되었다. 외할아버지는 돌아가시면서 그 건물을 성당에 기부하셨다. 만약 자손에게 물려주었다면 내게도 수혜가 왔을 만큼 가치 있는 건물이었으나, 할아버지는 한 푼도 남김없이 기부하고 떠나셨다. 할머니처럼 외할아버지도 돈에 대해 뚜렷한 가치관을 가진 사업가였다.

Part 3

사업은 혼자 하는 게 아니다

사랑과 전쟁 : 부부가 같이 일하기

사람 이야기를 할 차례다. 특별한맛에서 가장 존재감 있는 사람, 나의 아내 이야기를 먼저 해야 할 것이다. 고추장 공장은 우리 부부의 일터이다. 아내는 자녀들과 시간을 보내기 위해 일을 그만두었는데, 작은 기업을 운영하는 초보 사장의 요청으로 가족 회사에 합류했다. 이 장에서는 우리의 만남부터 서로의 다름을 인정하고 같이 회사를 운영하기까지의 이야기를 담았다.

순수함으로 가득 찼던 시절

우리는 대학교에서 만난 캠퍼스 커플이다. 2학년 철학 수업에서 처음 만났다. 친구가 없던 나는 혼자 학교에 다녔고, 아내는 2학년으로 편입해서 들어왔다. 둘 다 학과에서 적응이 필요한 시점이었다. 아내는 형광색 옷을 입고 등장한 내게 첫눈에 반했다고 한다. 8개월 가까이 짝사랑을 하던 그녀는 내게 고백했다. 누군가를 좋아한다는 건 알고 있었는데, 그게 나인 줄은 몰랐다. 머릿속은 혼란스러웠지만, 심장은 빨리 뛰었다. 나는 그녀를 만나 모태 솔로에서 탈출하고, 아내보다 더 아내를 사랑하는 사람이 되었다.

아내와 나의 다른 점은 일일이 언급할 수 없을 정도로 많다. 아내는 경제적으로 어려운 가정에서 자랐다. 아내의 아버지는 잘 다니던 대기업을 그만두고 사업을 시작했다가 큰 손해를 보았다. 이후 하는 일마다 잘 풀리지 않았고 가족들을 책임지지 않고 집을 나갔다. 장녀인 아내는 해보지 않은 일이 없을 만큼 다양한 알바를 했다. 나는 고추장 사업이 가장 잘 되던 시기에 태어난 데다가 집안의 막내여서 자유분방한 영혼으로 자랐다. 경제적으로 힘든 시기를 겪을 때도 타고난 성격 자체는 바뀌지 않았다. 연애할 때는 아내의 현실주의와 나의 이상주의는 문제가 되지 않았다.

기자를 꿈꾸던 아내는 학교 수업 외에도 영어 스터디, 언론사 스터디, 과외 등 하루에 4~5개의 스케줄을 소화했다. 나는 바쁜 일정 사이사이에 아내를 기다리며 빵과 간식거리를 건네주었다. 아내는 분주한 일상에서 연애하며 쉼과 위로를 얻었고, 나는 여자 친구에게 헌신하며 활력을 얻었다. 우리는 광화문 돌담길에서 첫 키스를 했다. 지나가는 사람들의 눈치도 보지 않고 참 당돌하게 연애하던 시절이다. 얼마 후 나는 군대에 갔고, 아내는 졸업 후 대전에서 사회부 기자로 일했다.

바쁜 와중에도 아내는 면회를 와주었고, 2년의 세월이 흘러 나는 제대했다. 그즈음 아내는 서울에 있는 신문사에 경력직 기자로 입사했다. 그녀는 꿈을 이뤘고 결혼할 준비가 되어 있었다. 제대 후 푸드 트럭을 운영하던 나는 차 안에서 프러포즈했다. 트럭 지붕에 반지를 숨겨두었다가 아내에게 청혼했는데, 그런 장소를 선택한 나나 감동한 아내나 둘 다 순수한 사랑을 했던 것 같다.

달콤하고 쓸쓸했던 신혼 생활

결혼식은 교회에서 했다. 아내와 나는 서로에게 편지를 써서 읽어 주기로 약속했다. 예식 중에 편지를 읽어야 할 차례가 오자 몹시 긴장했던 기억이 난다. 다 기억이 나지는 않지만 '하나님과 여기 계신 하객들 앞에서 당신과 끝까지 함께 할 것을 약속하겠다.'는 말로 마무리했던 것 같다.

신혼여행 이야기도 빼놓을 수 없다. 우리는 아프리카의 세이셸 섬으로 여행을 떠났다. 본 섬에서도 배를 타고 들어가는 작은 섬에 머물렀는데, 리조트 음식이 엉망이라서 고생했다. 하루는 섬을 벗어나 보려고 오리배를 타고 바다로 향했다. 처음 한 시간은 탈만 했지만, 역풍이 불어 아무리 발을 저어도 앞으로 나가지 않았다. 우리는 태양을 가릴만한 천 조각 하나 없이 한낮에 오리배를 타다가 온몸에 화상을 입었다.

아내는 첫 아이를 출산하고 석 달 만에 직장에 복귀했고, 둘째를 임신하고 팀장으로 승진했다. 아내는 정말 열심히 일했다. 나는 둘째의 출산과 동시에 앞으로는 내가 가장으로서 역할을 할 터이니 아내는 자녀들과 시간을 보내면 좋겠다고 말했다. 그러고는 아버지 회사로 들어가 생산직 일을 시작했다. 아내는 자신의 전부라고 할 수 있는 직장을 그만둘 수 없다고 했다. 둘째를 낳고 산후조리원에서 나올 무렵 우리는 이럴 거면 이혼하자고 말하며 싸웠다. 하지만 자녀가 어릴 때 엄마와 같이 있는 게 정말 중요하니 육아에 집중하자는 나의 의견을 따라 아내는 마지못해 직장을 그만두기로 했다. 가장 축복받아야 할 시기에 우리는 앞날을 고민하느라 행복을 누릴 여유가 없었다.

대책 없는 남편

아내가 직장을 그만두자, 당장 재정적인 어려움에 부닥쳤다. 다른 직원과의 형평성을 위해 나는 생산직 근무자로 최저시급을 받으며 네 식구의 생계를 이어갔다. 아내는 두 아이를 키우며 틈나는 대로 기사 쓰는 일을 해서 재정적인 뒷받침을 했지만, 우리의 수입으로는 도저히 살 수가 없었다. 아이들 돌 때 선물 받은 반지를 팔면서 연명했고, 아내의 원망도 커졌다.

이런 와중에 나는 할머니를 우리 집에 모시자는 제안

을 했다. 아버지는 어머니와 사별 후 재혼을 한 시점이었기에 할머니를 모실 수 없었다. 당시 할머니는 성남의 한 아파트에서 살고 계셨는데, 간병인이 매번 문제를 일으켰다. 뵈러 갈 때마다 홀로 누워 계신 할머니가 마음에 쓰였는데 간병인까지 안정적이지 않자 이런 생각을 하게 된 것이다. 내가 이 말을 꺼내기가 무섭게 아내는 침대에서 발길질을 했다. 안 그래도 힘든 상황에 일을 더 복잡하게 만드는 내가 미워서였을 것이다. 하지만 아내는 끝까지 반대하지 않고 나의 의견을 따라주었다. 할머니는 우리 집에서 지내시다가 6개월 후에 돌아가셨다.

아내, 사업에 합류하다

창업해서 아이템을 개발하고 공장의 활로를 찾아 나서자 함께할 일손이 필요한 시점이 왔다. 혼자서 행정과 재정 관리 등 경영 지원 업무를 메울 수가 없었지만, 한 사람을 고용할 정도의 수익은 없었다. 마침, 아이들이 어린이집과 유치원에 들어가자, 내가 생각할 수 있는 최고의 인력을 떠올렸다. 아내는 나와 고추장 사업을 하기로 했다.

공장을 이전하는 과정에서 우리는 셋째를 출산했다.

바쁘고 정신이 없는 와중에 우리에게 와준 셋째는 태어나자마자 복덩이 노릇을 톡톡히 했다. 엄마가 집과 공장을 오고 가는 동안 차에서 울지 않았고 누구의 손에 맡겨도 잘 놀았다. 공장을 짓는 중에도 종종 찾아와 공사를 맡은 사장님들에게 한껏 웃어주어 사람들은 셋째에게 희보(기쁜 소식)라는 별명을 붙여주었다. 고된 일상에서 막내의 웃음은 선물이었고 공장을 짓는 일로 한껏 곤두선 신경을 누그러뜨려 주었다.

아내는 확실하고 든든한 동료였지만 내가 아니었기에 갈등이 있을 수밖에 없었다. 예를 들면 신제품 개발에 대한 의견에도 차이가 있었다. 우리 회사는 제품 홍보와 판매를 계속하는 중에도 신제품 개발을 병행했다. 제품 개발은 시간이 오래 걸리기 때문에 장기 프로젝트다. 지금 사랑받는 제품도 언젠가는 인기가 사그라들 수 있으니 늘 다음 제품을 준비해야 한다. 특별한맛처럼 소수의 인력이 모든 것을 하는 회사에서는 더더욱 미래를 위한 투자에 집중하기가 어렵다. 당장의 성과를 만들어야 하는 것과 미래를 준비하는 것 사이에서 갈등이 발생한다. 아내는 당장의 매출을 일으키는 데 주력하자고 했고 나는 당장의 매출보다는 미래를 준비하자고 했다. 지나고 보면 두 사람 다 합리적인 의견을 낸 것인데, 우리는 중간 점을 찾지 못하고 감정싸움까지 한 적이 많았다. 오랜 조율 끝에 우리는 업무를 분담하고 각자 맡은 일에 주력하게 되었다. 나는 제품 개발, 아내는 판매 전략 수립이라는 영역을 맡아 회사에 꼭 필요한 두 마리 토끼를 잡을 수 있었다.

아내의 헌신

회사를 경영하면서 내가 가장 잘한 일 한 가지와 가장 잘못한 일 한 가지를 꼽으라면 바로 아내와 함께 일한 것이다. 내게 가장 도움이 된 존재는 아내이고, 나를 가장 힘들게 한 존재도 아내이다. 내가 아내에게 기대한 바는 나를 남편으로 존중해주고 회사 대표로 인정해 주는 것이었다. 아내는 물리적으로 많은 일을 감당하느라 힘이 들어서 나에게 존중과 인정을 줄 여유가 없었다. 나는 한동안 채워지지 않는 욕구, 내가 받지 못한 것을 되새기며 나 자신과 아내와의 관계를 망가뜨렸다.

아내는 나보다 연상이라 성숙하고 사회 경험도 많고 생활력도 뛰어나다. 아이 셋을 키우며 힘든 공장 일과 집안일을 함께했다. 오랜 시간이 지나서 나는 아내가 얼마나 힘들고 불안했는지 알게 되었다. 그녀를 이해하지 못했던 나 자신이 한심하고, 나와 다른 모습의 아내를 있는 그대로 인정하지 못한 걸 후회한다. 아내와의 전쟁은 나를 받아들이길 거부한 못난 자아 때문이었다. 나 자신과의 싸움에 너무 많은 시간을 낭비했다. 그 싸움의 희생양이 된 아내에게 미안하다. 이런 돈 개념 없는 사람 옆에서 매일 불안하게 하루하루를 산 아내 덕분에 이렇게나마 살게 되었다고 감사하다고 말하고 싶다.

아내는 여전히 바쁘게 산다. 공장 사람들의 컨디션을 일일이 체크하고 점심밥도 준비한다. 사방에서 오는 연락을 받느라 전화가 귀에서 떨어질 틈이 없다. 바쁜 와중에도 대학원에 진학하여 양평에서 서울을 오간다. 달리기도 하는데 곧 하프마라톤에 도전할 거라고 한다. 틈틈이 아이들의 학원을 알아보고 학습 진도를 체크한다. 온 가족의 기념일, 명절을 챙기고 이따금 미국에 있는 가족의 건강과 안부를 묻는다. 친구를 만나고 소식을 나누며 울고 웃는다.

슈퍼 에린. 우리가 처음 만났던 학창 시절, 아내의 토익책에 쓰여 있던 별칭이다. 슈퍼우먼과 결혼해서 사는 경

힘을 누가 해볼 수 있을까? 자유로운 영혼으로 살던 나는 아내의 강인함과 현실적인 노력에 적응하느라고 힘들었다. 그러나 아내의 헌신이 없었다면 지금 나도 없었을 것이다. 지나온 날들은 전쟁 같은 시간이었지만 사랑이 없이는 이겨낼 수 없는 시간이었다. 우리는 너무 다른 탓에 서로에게 꼭 필요한 존재였다. 그간 충분히 표현하지 못했지만, 아내에게 진심으로 고맙다.

끈끈한 운명 공동체 : 특별한맛 사람들

　작은 공장은 한 명 한 명이 소중하다. 특별한맛주식회사는 평생 우리 공장에서 일하신 분부터 공장 이전을 총괄한 분, 전천후 경영 지원 전문가까지 이들이 있어서 무사히 굴러간다. 이번 장에서는 매일 얼굴을 보며 한솥밥을 먹지만 차마 쑥스러워 고마움을 표현하지 못한 직원들의 이야기를 전한다.

보고 싶어도 볼 수 없는 양 반장님

내게 사업의 본질을 알려주신 분이 있다. 바로 30년 넘게 우리 회사에 몸담았던 양 반장님이다. 반장님은 스무 살 전후에 친척을 따라 서울로 올라왔다. 무작정 상경해서 잡은 첫 직장이 할머니가 세운 별미식품공사였다.

반장님은 지적장애가 있었다. 어릴 때 한약을 잘못 먹어서 그렇게 되었다는데, 얼마나 믿을 수 있는 이야기인지는 모르겠다. 그의 트레이드 마크는 깊게 팬 주름, 두툼한 손, 중얼거리는 말투, 그리고 목캔디였다. 순수한 영혼을 가진 그가 수줍게 건넨 목캔디를 먹는 것은 소소한 행복이었다.

양 반장님은 가장 일찍 출근했고, 늘 빗자루와 쓰레받기를 들고 다니며 공장의 허드렛일을 도맡아 했다. 내가 사장 아들이라는 것을 알고 동료들이 자신을 부당하게 대우할 때면 내게 일렀다. 나는 도움을 줄 수가 없어 그저 불평을 듣기만 했다. 나도 반장님에게 고민을 털어놓았다. 반장님은 무슨 반응을 해야 할지 몰라서 그랬는지 들은 척 만 척하다 다시 자기 이야기를 이어갔다. 나는 양 반장님이 편했고, 그와 있으면 회사에 대한 걱정, 다른 직원과의 불화를 잊었다. 주말이면 반장님은 교회에 갔다. 한 교회에서는 성심껏 반장님의 상태를 체크하고 도와주었다. 반장님도 밥이 맛있다며 그 교회에 열심히 출석했다. 그러다 가끔 잔소리를 들으면 몇 주간 다른 교회에 가서 목사님의 애를 태웠다. 반장님은 세상을 투명하게 비추는 창과 같아서 그의 말을 듣고 있으면 누가 착한 사람인지 나쁜 사람인지 알 수 있었다.

어느 날, 양 반장님은 어깻죽지가 아프다고 했다. 동네 병원에 모시고 갔더니 물리치료와 근육이완제를 처방해 주었다. 상태가 호전되지 않자, 반장님 동생에게 연락을 취해 큰 병원에 모시고 가보는 게 좋겠다고 했다. 용인에서 법무사로 근무하는 동생분은 하루 시간을 내어 반장님과 병원에 다녀오더니 꾀병이라는 진단이 나왔다고 말했다. 그로부터 며칠 뒤, 갑자기 반장님이 코피를 흘렸다. 일하던 중 피곤하다며 식은땀을 흘린 적은 있었지만, 이토록 코피가 계속 흐른 적은 없었기에 적잖이 놀랐다. 반장님 동생에게 다시 연락하기가 껄끄러워 직접 큰 병원으로 모시고 갔다. 여러 검사를 한 결과, 간암 말기라는 진단이 나왔다. 그 소식을 들은 동생은 형을 안산에 있는 요양병원에 입원시켰다.

평생 우리 공장을 위해 일하셨는데, 반장님의 삶은 그게 전부였는데, 이토록 아프다는 게 죄스럽고 미안했다. 회복 가능성이 없는 말기 암이라는 사실 앞에서 하염없이 눈물만 흘렸다. 공장 식구들과 문병하러 갔더니, 반장님은 다들 일해야 하는데 왜 여기에 와있냐며 미안해하셨다. 나는 그 자리에서 반장님께 명예 공장장님이라 쓰여 있는 감사패를 드렸다. 그로부터 2주 후, 반장님은 갑작스레 생을 마감하셨다.

일이 손에 잡히지 않았다. 나는 반장님을 떠나보내며 평생 빚진 마음으로 살겠다고 다짐했다. 반장님이 그랬던 것처럼 가장 힘든 일, 가장 더러운 일, 가장 위험한 일을 다른 직원에게 미루지 말고, 내가 도맡아야 하겠다고 마음먹었다. 불평하지 않고 한결같이 그날에 충실할 것, 이것이 반장님이 나에게 알려준 사업의 본질이다. 하늘 나라에서 반장님을 뵈면 미안하다 감사하다고 말하고 꼭 안아드리고 싶다.

입사 동기이자 공장 신축의 주역 김 공장장님

남다른 성격의 소유자인 공장장님은 나의 입사 동기

다. 나는 그분을 선생님으로 모시고 가르쳐주는 것을 따라 하느라 애썼고, 공장장님은 일머리가 없는 나를 참아주느라 고생했다.

그는 견과류를 취급하는 회사를 30년 가까이 다니다가 우리 회사로 왔다. 전에 일하던 회사에서 대표와 갈등이 생기자 그만두고 장류 공장에 취직했다. 수십 년 근무한 전 직장에 대한 정 때문인지, 좋지 않게 결별한 이력 때문인지 그는 우리 회사에 와서도 3년이 넘도록 땅콩 공장 이야기를 했다.

공장장님은 일에 관해서 누구도 쫓아갈 수 없는 당신만의 기준을 가지고 있다. 하지만 그 기준에 미달할 때는 극심한 스트레스를 받았다. 스스로에 대한 기대가 높고 완벽한 스타일이라 남들에 대해서도 그러했다. 모든 사람에게 당신이 경험으로 얻은 일의 기술을 전해주려고 세심하게 일러주었는데, 추진하는 일이 될 때까지 반복해서 말하는 까닭에 사람들과 갈등을 빚었다.

공장장님은 겉에서 봤을 때 강성이지만 실제로는 여린 마음의 소유자다. 공장에서 다른 직원과 갈등이 있는 날이면 좀처럼 마음의 상처를 씻지 못했다. 가끔 이상한 소리를 내거나 큰 목소리로 노래를 부르는데, 신나서 그런

거로 생각한 것과 달리 마음이 힘들 때 그런 행동을 하는 거였다.

　가장 존경스러운 부분은 가정에서의 모습이다. 한 번은 아들이 고등학교에서 창문 너머로 땡땡이를 치다 걸려서 연락이 왔다. 담임 선생님은 집에서 지도해달라고 전화를 하신 것인데, 공장장님은 그럴 리가 없다며 끝까지 아들을 감쌌다고 한다. 선생님께 그렇게 한 것이 권장할 만한 일은 아니지만 아들의 입장에선 얼마나 고마웠을지 상상이 된다. 공장장님이 주말에 강원도 화천에 있는 밭으로 일하러 가면 두 아들이 출동한다고 하니 참 든든하시겠다.

　내가 공장을 새로 짓기로 결정하면서 공장장님은 인생 후반부에 너무 많은 일들을 겪으셨다. 인원이 얼마 되지 않는 회사에서 새 건물을 짓고 이사하는 것은 결코 쉬운 일이 아니다. 창고에 있는 나사 하나까지도 꼼꼼하게 챙기는 공장장님 덕에 나는 믿고 일을 저지를 수 있었지만, 이전에 관한 모든 처리를 감당하신 공장장님은 얼마나 힘이 들었을까 상상하기 어렵다. 게다가 공장을 지은 후 제대로 돌아가는 기계가 없는 걸 보고는 크게 낙담하셨을 것이다. 설비가 제 기능을 하지 못하는 동안 모든 일의 마무리는 공장장님의 육체가 대신 해야 했기 때문에, 그의 스트레스는 이만저만이 아니었다. 몸은 몸대로 마음은 마음대로 힘들었던 것이 결국 병이 되어 돌아왔다.

공장장님이 일을 쉬어야 하는 상황, 공장장님 없이 공장을 운영하는 상황은 한 번도 생각해 본 적이 없었다. 그러나 공장장님이 병에 걸렸다는 것은 엄연한 현실이었다. 모든 게 나 때문인 것 같아서 마음이 무거웠다. '무리해서 공장을 짓지 않았다면 공장장님이 아프시지 않았을 텐데… 공장 이전에 좀 더 돈을 들였더라면 암까지 걸리진 않았을 텐데…' 하는 후회가 밀려왔다.

공장장님은 암 수술을 받으셨고, 완쾌가 될 때까지 휴식을 취하셨다. 그로부터 3년 후, 공장장님은 특별한맛으로 복귀하여 그 어느 때보다 건강하게 일하고 계신다. 흰머리와 주름은 늘었지만, 공장장님의 입담과 일에 대한 열정은 그대로다. 이제 65세를 지나 손주를 셋이나 보신 할아버지가 되셨지만, 누구보다 마음은 청춘인 공장장님을 가슴 깊이 응원한다. 이곳에서 모든 사람의 인정과 존경을 받으며 남은 직장 생활을 마무리하시면 좋겠다.

헌신적인 송 부장님

특별한맛의 에이스 송 부장님의 이야기도 빼놓을 수 없다. 부장님과의 인연은 우연한 기회에 찾아왔다. 공장을 이전하고 일손을 구하기 어려워 애를 먹고 있던 어느 날, 한 중년 남성이 우리 공장에 찾아왔다. 오랫동안 해외에서 조선소 일을 하다가 여주에 정착하여 전원생활을 하는 분이었다. 그는 한적한 우리 공장 근처에 땅을 사서 농사와 여러 가지 일을 병행하였다. 조선소 일과 식품 제조가 무슨 관련이 있겠나 싶었지만 당장 일할 사람이 부족했던 터라 망설이지 않고 채용을 결정했다.

송 부장님은 도통 말씀이 없었다. 일할 때는 과묵하더라도 점심시간에는 이런저런 이야기를 할 만한데, 부장님은 말을 걸어야 겨우 대답할 뿐, 대화 없이 식사했다. 하도 말씀이 없으셔서 2~3년이 지날 때까지 혹시 이분, 간첩이 아닌지 의심했을 정도였다. 그러나 알면 알수록 부장님은 마음이 따뜻한 분이고 진국이다.

부장님은 술을 좋아하셔서 가끔 인사관리의 연장선에서 술자리를 만들었다. 그간 젊은 분들이 회사에서 일을 하다가 며칠 만에 관두겠다고 한 일이 있었는데, 그럴 때마다 부장님은 술을 사주며 더 다녀보라고 설득하셨다. 우리 공장에서 일하던 한 외국인 친구도 외롭고 힘들 때면 부장님과 치맥하며 기분을 달랬다.

묵묵히 부지런히 일만 하던 부장님이 어느 날 직원과 큰 싸움을 했다. 그 직원은 게으르고 불성실한 태도 때문에 이미 부장님 눈 밖에 난 인물이었다. 사달이 난 그날, 단단히 속이 상한 부장님이 회사를 그만두겠다며 집으로 가버렸다. 부장님처럼 헌신적인 직원을 놓치는 것은 막심한 손해였다. 나는 막걸리를 사서 부장님 댁으로 향했다. 우리 회사에는 송 부장님이 꼭 필요하니 돌아와달라고 설득했지만, 그는 다툼이 있었던 직원과는 단 하루도 같이 있을 수 없다고 선을 그었다.

부장님을 포기할 수 없었던 나는 공장에 돌아와 결정을 내렸다. 결국 직원을 내보내고 한 달 만에 부장님이 복귀했다. 부장님을 선택한 것은 내가 회사를 경영하며 잘한 결정 중 하나이다.

열정 넘치는 최 반장님

최 반장님은 자녀를 키우는 데 매진하다가 입사 공고

를 보고 합류하였다. 청록색 제네시스 G80을 타고 면접을 보러 온 반장님을 처음 본 날, 거래처 사장님이 인사차 회사에 들르셨나 싶었다. 재정적인 필요보다 자아실현을 위해 직장을 다니는 반장님은 빠르게 회사의 중역으로 자리 잡았다.

반장님의 눈에서 나오는 에너지가 얼마나 센지, 동료들은 반장님께 눈에 힘을 좀 빼라고 말할 정도이다. 반장님은 나름 예의를 갖추고 친절한 말투로 일을 지시하지만, 온몸으로 "똑바로 일해!"라고 외치고 계신다. 이런 반장님의 성향 때문에 그 내면의 음성을 들은 단기 알바들이 반장님의 감독을 버티지 못하고 그만두는 사태가 속출했다.

반장님의 주적은 공장장님이다. 공장장님이 여자로 태어났다면 아마 반장님으로 태어나지 않았을까 싶을 정도로 둘은 판박이다. 아마 공장장님이 연세가 드시면서 반장님의 열정과 능력에 따라가지 못하게 되자 스스로를 못마땅하게 여겨서 강하게 하시는 것이 아닌가 싶다. 공장장님의 말에 상처를 받아 반장님이 남몰래 눈물을 쏟는 경우도 있었다. 그런 날이면 우리 부부는 반장님의 퇴사만은 막아야 한다며 힘든 마음을 위로해 드리기 위해 애썼다.

둘 사이의 갈등을 예방하기 위해 두 분의 근무지를 구분하는 등 노력하긴 하지만, 작은 회사이니 아예 안 만날 수는 없어 고민이다. 반장님은 "특별한맛주식회사는 나의 첫 직장이자 마지막 직장."이라고 말씀하시는데, 나는 이런 말을 들으면 정말 살맛이 난다.

특별한맛의 뉴 페이스 최 사원님

차세대 주자로 들어온 최 사원님은 나의 중학교 동창이다. 그는 학창 시절 내가 가장 어려울 때 힘이 되어준 고마운 존재다. 그는 10년 가까이 칼국수 가게를 운영하다가 최근 우리 회사에 합류했다. 가게 운영은 혼자 재료를 준비하고, 조리하고, 손님을 맞이하는 쉴 새 없는 노동과 돈이 잘 벌리지 않는 고충이 반복되는 삶이었다. 친구가 힘들어할 때 종종 찾아가 이야기를 나누고 폐업 절차를 도와주면서 그간 내가 친구에게 진 마음의 빚을 갚을 수 있었다. 가게를 접은 그에게 나는 점점 고령화되는 특별한맛에 젊은 피가 필요하니 함께 일하지 않겠냐고 제안했다. 나의 요청을 받아들여 회사에 온 최 사원님은 큰

179

힘이 되어주고 있다.

회사의 모든 일을 챙기는 전천후 전문가들

마지막으로 회사가 굴러가도록 살림을 챙기는 사무실 직원들을 언급하지 않을 수 없다. 이들은 작은 회사에 입사한 탓에 1년도 채 되지 않아 회사의 중추를 담당하게 되었다. 속이 꽉 차 있는 신 대리님은 회계와 총무, 그 밖의 회사 일을 자기 일처럼 살뜰하게 챙긴다. 나이는 어리지만, 책임감을 가지고 주도적으로 일하는 모습을 보면 존경심이 생긴다.

우리 회사 주변에는 점심을 해결할 만한 식당이 없다. 매일 공장 점심을 준비하는 것이 우리 부부의 중요한 일과 중 하나였는데, 둘 다 눈코 뜰 새 없이 바빠서 성실하게 식사를 만들 여유가 없었다. 대리님은 그 틈을 훌륭하게 메운다. 일주일의 메뉴를 계획하고, 재료가 남지 않게 주도면밀하게 장을 봐 온다. 사실 대리님은 호텔 조리학과 출신이라 우리 회사 직원들은 여느 호텔 케이터링 못지않은 점심을 먹고 있는 셈이다.

첫인상이 깍쟁이 같았던 주 대리님은 이제 여전사처럼

몸을 사리지 않고 일하고 있다. 창고에서 박스를 접다가 손을 베면 상처가 났다고 일일이 보여주던 사람이 언제부터인가 힘든 일을 마다하지 않고 앞장선다. 나는 대리님을 통해서 사람이 극적으로 변할 수 있다는 것을 목격했다. 그녀가 어떻게 회사에 마음을 열었을까? 지금도 궁금하다. 한겨울에도 덥다고 반팔을 입고 사무실과 창고를 뛰어다니는 대리님의 뒷모습을 보면 뭉클할 때가 있다.

마케팅 담당자로 입사해 승진한 김 주임님은 우리 회사에서 처음으로 디자인 업무를 하게 되었다. 써보지 않은 디자인 프로그램을 익숙하게 다루기 위해서 퇴근 후 집에 가서 씨름했다. 디자인 일을 하는 동생에게 배우기 시작한 지 석 달 만에 우리가 원하는 그림을 만들어냈다. 그녀의 열정을 옆에서 지켜보며 경이로움을 느꼈던 게 얼마 안 된 일 같은데 벌써 입사한 지 일 년이 넘었다.

공주님은 필리핀에서 온 20대 초반 동료이다. 우리 회사로서는 처음 외국인을 고용했는데, 고맙게도 공주님이 오게 되었다. 그녀의 본명은 Princess다. 필리핀에 있는 가족이 보고 싶어 하루 꼬박 눈물 흘리는 마음이 여린 아가씨지만 멋지게 자신의 미래를 개척해나가는 MZ세대 공주님이다.

이 밖에도 우리 회사에 잠시 근무했지만, 온라인 매출을 3백만 원에서 3억 원으로 끌어올린 기적을 보여준 직원도 있었고, 허리가 아프다면서도 공장이 자리 잡을 수 있게 도와준 듬직한 직원도 있었다. 특별한 직원 한 사람 한 사람이 있기에 우리 회사는 특별한맛주식회사가 될 수 있었다. 책임 있게 일한 고마운 동료들이 있어서 회사가 여기까지 올 수 있었다.

회사의 앞날이 보이지 않아 힘들어하던 시기에 나는 "제가 잘할 수 있을까요?"라고 할머니께 여쭈었다. 할머니는 이렇게 대답해 주셨다.

"현준아, 너는 잘할 거야. 너는 사람을 좋아하지 않니?"

당시에는 그 말이 와닿지 않았다. 그러나 지금은 사람을 좋아하는 것과 일이 잘 되는 것이 어떻게 연결되는지 알겠다. 나는 우리 회사에 있는 분들을 진심으로 사랑하고 좋아한다. 내 마음을 알아주고 믿어주는 직원들에게 평생 감사한 마음을 잃지 않겠다고 다짐한다.

2016년 양 반장님이 콩을 쪄서 내리는 중이다.
그는 힘든 일을 할때도 웃음을 잃지 않았다.

선의의 순환 : 고마운 사람들

  위기 상황을 벗어나 사업이 궤도에 오르기까지 많은
이의 도움이 있었다. 어떻게 저렇게까지 악랄할 수 있을
까 싶은 사람 때문에 속을 썩기도 했지만, 세상에 이렇게
선한 사람이 있다니 싶은 분들 덕분에 힘듦을 버텼다. 사
람이 뿜어내는 독에 질식할 것 같을 때면 꼭 산소 같은 이
들의 친절과 아량으로 숨 쉴 구멍이 생겼다. 이번 장에는
특별한맛주식회사에 특별한 도움을 주신 분들에게 감사
메시지를 담았다.

명절이면 떠오르는 사람

어느 해 추석 명절쯤이었다. 아내와 나는 바쁘게 돌아가는 회사를 운영하며 돌이 채 되지 않은 셋째를 돌보느라 혼이 나갈 지경이었다. 판교 현대백화점으로 선물 세트를 납품하던 때였는데 급하게 추가 상품을 가져오라는 요청을 받았다. 한 고객이 다량의 물건을 주문해서 오전 중에 부리나케 물건을 배송해야 했다. 아내는 새벽부터 회사에 가서 선물 세트를 포장했고, 나는 첫째와 둘째를 유치원에 보낸 후 준비해 둔 제품을 가지고 판교로 출발할 계획을 세웠다. 어린이집에 다니지 않던 막내를 잠시 맡아줄 사람이 없어서 나는 아기를 카 시트에 태우고 운전대를 잡았다.

주차장에 도착했더니 아기가 차에서 잠이 든 상태였다. 선물 포장이 늦어진 바람에 약속한 배송 시각을 맞추지 못하자 백화점에서 이미 난리가 났다. 나는 셋째를 그대로 두고 부랴부랴 물건을 싣고 올라갔다. 여사님은 몹시 야단을 치며 사과도 받지 않았다. 한참 쏘아붙이다가 안절부절못하는 나를 보고 무슨 일 있냐고 물어왔다. "아이가 차에서 자고 있어서 빨리 가봐야 할 것 같습니다."

라고 말씀드리니 그녀의 눈빛이 한순간에 바뀌었다. 여사님은 어쩔 줄 몰라 하며 "진작 말을 하지! 아니 어떻게 애를 여기까지 데리고 왔어."라고 하였다. 그러더니 지갑에서 만 원을 꺼내며 아기에게 맛있는 걸 사주라고 하였다. 백화점에서 힘들 게 번 일당에서 용돈을 챙겨 주신 여사님의 마음을 보니 눈물이 핑 돌았다. 후에 물류창고로 배송하는 방식으로 바뀌어 백화점에 갈 일이 없어졌는데, 지금도 명절이 되면 막내에게 할머니의 정을 베풀어 주신 여사님이 생각난다.

정부 지원사업에서 만난 지원군

지역별로 기업을 선발하는 청년창업사관학교에 지원할 때의 일이다. 호남 지역이 식품 창업에 특화되어 있으니, 그쪽에 신청서를 내면 좋겠다고 생각하긴 했지만, 경기도에서 호남까지 오가는 부담이 커서 가까운 안산에 제출하기로 한 상태였다. 그때 호남 청년창업사관학교에 근무하는 한 부장님이 나에게 전화했다. 서울 쪽은 경쟁률이 높아 떨어질 수도 있으니, 호남으로 지원해 보라는 권유였다. 치열한 경쟁에 밀려 기회를 잡지 못하는 것보다 이동의 어려움을 감수하더라도 합격 가능성이 높은 지역에 서류를 제출하는 것이 나을 것 같았다. 나는 그분을 믿어 보기로 했다. 다행히 여러 선발 절차를 통과하고 합격한 나는 부장님이 있는 호남 청년창업사관학교에서 숙식하며 사업의 싹을 키워갔다.

하루 종일 교육을 마치고 밤늦은 시간, 사관학교 주변을 산책하다 보면 부장님 자리에 불이 환하게 켜져 있었다. 부장님은 입교한 업체의 사업 아이템을 점검하고 꼼꼼하게 진행 과정을 모니터링 하느라 퇴근하지 못하였다. 늘 나 같은 새내기 사장에게 관심을 보이며 격의 없이 대해주었고 필요한 게 있는지 물어보셨다. 교육이 끝나고 사업 성과 보고를 위해 들릴 때도 진심으로 응원해 주셨다. 아쉽게도 우리가 졸업하기 전에 다른 부서로 가셔서 가끔 전화로 인사를 드리다 종국에는 연락이 끊겼다.

몇 년 후 우연히 부장님을 다시 만났다. 투자설명회에서 마주친 것인데, 수년 전 그 많은 사업체 중의 하나였던 나를 기억하고 계셨다. "지 대표, 사업 잘하고 있어? 필요한 거 있으면 연락해."라며 명함을 주셨는데, 그는 중소벤처기업부의 중역이 되어 있었다. 종종 사업이 힘들 때면 '한번 전화를 드려볼까?' 싶었지만, 좋은 소식으로 연락드리고 싶어서 꾹 참았다.

그는 행정관료 이상의 역할을 한 중소기업의 든든한 지원군이었다. 그분의 인품과 능력은 내가 그전까지 가지고 있던 공직자에 대한 부정적 인식을 바꾸어 놓았다. 이제는 이런 분들이 많이 계셔서 우리나라가 돌아간다고 믿는다.

처음부터 믿고 기다려준 박 대표님

카카오스토리 채널에서 우리 제품의 유통사가 되어준 박 대표님을 처음 만난 것은 소보꼬를 출시하고 얼마 안 지난 시점이었다. 그는 우리 회사의 제품력을 믿고, 몇천 병의 소보꼬를 판매할 수 있다고 장담하였다. 당시 나는 그 정도 판매량을 상상해 보지 못한 터였다. 우리가 의구심을 내려놓지 않자, 박 대표님은 선불로 제품값을 지불하며 유통을 맡겨 달라고 하였다.

박 대표님과 거래 후 소보꼬 판매량이 기하급수적으로 늘었다. 냄비에서 조금씩 볶아 고추장을 생산하던 것으로는 감당할 수 없어서, 새로운 설비를 도입하여 생산 시설을 확충했다. 그러나 설비라인에 하자가 있어서 품질에 이상이 생기는 바람에 납품했던 물건을 전량 회수하여 폐기 처분하였다. 우리 회사가 입은 재정적 타격도 컸지만, 거래처인 박 대표님 회사에 미칠 부정적인 영향도 문제였다. 그때 우리는 납품 시기가 매우 중요한 공동구매 프로젝트를 추진하고 있었는데, 내가 제품을 제때 공급하지 못하게 되어 박 대표님 회사에도 적지 않은 손실이 발생할 상황이었다. 사태를 수습하려 박 대표님을 찾아 가면서도 '이 사건으로 박 대표님이 거래를 끊으면 어쩌지? 손해에 대한 배상을 청구하면 어쩌지?'라는 생각에 머릿속이 복잡해졌다. 우려와 달리, 대표님은 나를 격려해 주며 이렇게 말했다.

"지 사장님, 전량 폐기까지는 하지 않으셔도 됐었는데, 피해가 커서 어떻게 하죠? 앞으로 우리가 더 잘 팔아볼 테니 걱정하지 마세요."

운전하다 자동차 사고를 겪으면 그 뒤로 운전대에 앉는 것이 두려운 것처럼, 혹독한 사건을 겪은 후 다시 생산 라인을 가동하는 것이 떨렸다. 하지만 거래처에서 요구하는 제품을 만들지 않을 수는 없었다. 박 대표님의 전폭

190

적인 지지로 트라우마를 극복하고 생산을 재개했을 때, 감사하게도 대표님의 예상대로 흘러갔다. 품질 사고 이후 생산도 유통도 안정을 찾으며 제품은 더 많이 팔렸다. 지금도 그때를 생각하면 박 대표님에 대한 감사함으로 눈물이 난다. 그분의 적극적인 설득이 아니었다면 우리는 여전히 플리마켓을 돌며 소소하게 고추장을 판매하고 있을지도 모른다. 특별한맛이 아주 작을 때부터 우리 제품에 대한 무한한 애정과 신뢰를 주신 박 대표님은 나에게 큰 힘이 되었다.

남다른 애정으로 특별한맛을 이끌어준 이 위원님

한국농업기술진흥원의 이 위원님도 감사를 전달하고 싶은 분이다. 농촌진흥청 산하 기관인 진흥원은 연중 많은 지원사업을 운영하여 식품업계 사장님이라면 누구나 한 번쯤 문을 두드려 보는 곳이다. 이곳에서 진행하는 행사에서 이 위원님을 처음 만났다. 이 행사는 1년에 한 번 전국을 순회하며 열렸는데, 끝나고 전문가가 기업을 1:1로 상담해 주는 시간이 마련되어 있었다. 날짜가 임박해서 이 행사를 알게 된 나는 상담 신청 예약 기간을 놓쳤지만, 혹시나 하는 마음에 용기를 내어 상담 장소로 발걸음을 옮겼다. 안내데스크에 있던 직원분께 사전 신청 없이 바로 상담이 가능한지 물었더니, 이미 시간별로 스케줄이 나와 있어서 어렵다고 했다.

멀리서 이 장면을 지켜본 이 위원님은 나의 간절함을 아시고 부스가 비는 시간을 이용해 즉석에서 상담해 주셨다. 이 위원님과 만난 이후로 우리 회사는 3년 동안 진흥원 벤처기업 지원사업에 선정되었다. 만약 그때 위원님이 나에게 손 내밀어 주지 않았다면 진흥원에서 시행하는 다양한 지원사업을 알지 못한 채로 지나갔을 것이다. 정부 지원을 받으며 우리는 다양한 마케팅을 시도함으로써 저당 브랜드 고맙당을 시장에 안착시켰다. 정부 지원사업의 주요 지표인 고용과 매출이 매년 증가하자 우리 기업에 대한 장기적인 지원으로 이어졌다. 이 위원님의 지도로 첫 기회를 잡은 덕분에 이후의 성과가 가능했다고 생각한다. 이후로도 위원님은 우리 업체를 관리하며 업무적으로나 개인적으로 조언을 아끼지 않으셨고, 특별한맛의 성장을 누구보다도 기뻐하셨다.

죽을 만큼 괴로울 때 옆에 있었던 이들

공장을 이전하던 때는 내 인생 최대의 암흑기였다. 죽을 만큼 괴로웠던 시기에 고마운 이들이 있으니 바로 배관 작업을 했던 석암ENG 대표님과 직원이다. 이분들은 항상 맡은 일에 책임을 다하셨고, 본인 일이 아닌 것에도 도와주기 위해서 매달렸다.

신축한 공장에서 기계가 말썽을 부려 정상적인 작동을 할 수 없게 된 지 여러 날이 지나고 여러 주가 지나더니 몇 달이 지나버린 시점이었다. 나는 지쳐 쓰러지기 일보 직전이었다. 어느 날, 대형 솥의 위치를 잡느라 퇴근 시간을 훌쩍 넘어서까지 작업을 계속했다. 전 직원이 아무리 끙끙대도 진척이 없고 더는 힘을 쓰지 못하는 상황이 왔다. 그때 옆에서 작업 중이던 석암 사장님과 직원분이 발 벗고 나서서 힘을 보태 주었다. 자정이 넘은 시간, 너무 힘들어서 다 때려 치우고 싶은 마음이 들 때 본인 업무도 아닌 일에 도움을 주는 분들을 보니 큰 위로가 되었다. 일을 떠나서 인간적으로 고마움이 밀려왔다. 사장님은 그렇게 도와주고도 별일 아니라는 듯 "힘내, 그러다 사람 죽겠다."라는 말을 남기고 가셨다. 다시 생각해도 그 감사함에 마음이 먹먹해진다.

감사의 마음을 담아

그 밖에도 감사한 분이 너무 많다. 휴팜의 남 사장님은 나에게 꼭 필요한 지원사업 기회를 알려주었을 뿐만 아니라, 내가 준비하는 제품이 잘될 것이라고 응원해 주었다. 중소기업진흥공단에서 공장설립 기금을 대출받을 때 넓은 아량으로 품어준 담당자님, 우리를 문호리 리버마켓의 구성원으로 받아준 감독님, 특별한맛을 각별히 생각해 주는 별미FND 전 대표님, 아무 대가 없이 공장 이전을 도와준 효경 사장님, 진심으로 우리 회사를 코칭해 준 최 위원님과 윤 위원님, 아내의 멘토가 되어준 염 작가님, 내 흥을 듣고도 끝까지 내 편이 되어준 지섭 엄마 등 고마운 분이 많다. 이곳에 기록한 분들이 극히 일부라고 해도 좋을 만큼 우리는 수많은 이들의 사랑과 도움으로 사업을 계속할 수 있었다. 그 감사한 마음을 기억하며 살면서 하나씩 갚아갈 것이다.

Part 4

사장으로 산다는 것

고독한 사장님

사업을 하는 동안 힘든 일은 매일 일어났다. 몸이 힘들고, 돈이 모자라고, 인간관계가 어려운 일이 번갈아, 혹은 동시에 일어나면 스트레스가 치솟았다. 물리적인 시간과 마음의 여유가 없이 마구 달리다가 어느 순간 나 자신을 보듬어주지 않으면 앞으로 나갈 수 없다는 걸 알았다. 이 장에서는 내가 사장으로 살면서 감정을 다스리기 위해 어떤 방법을 사용했는지 소개해 본다.

사장은 외로운 직업

사업을 통해 많은 사람과 관계를 맺기도 하고 이별하기도 했다. 좋게 시작한 관계가 후에 악화하기도 했고 별 볼 일 없이 시작했으나 나중에 돈독해지기도 했다. 일방적으로 내가 에너지를 쏟아부은 상대가 있는가 하면, 아무런 대가 없이 나에게 주기만 하는 사람도 있다. 어떤 이는 더할 나위 없이 친절하고 정중했지만, 돈 앞에서 눈빛이 달라지기도 했다. 나는 많은 사람들과 좋은 관계를 유지했지만, 때로는 사장이 혼자 사업을 감당해야 한다는 사실 앞에서 외로웠다.

고독과 책임은 바늘과 실처럼 늘 함께 다녔다. 내가 책임져야 할 대상에는 가족의 비중이 컸는데, 가장 가까운 인간관계인 가족 안에서도 고독감은 사라지지 않았다. 가족 앞에서 사업의 무게를 보이지 않으려고 했지만, 늘 그렇게 하지는 못했다. 집에서 지친 몸과 마음을 달래길 바라는 마음과 가족에게 걱정을 끼치지 않으려는 마음 사이에서 오락가락했던 것 같다. 집에 와서 나도 모르게 깊은 한숨을 쉬면 아내와 아이들은 그 속에서 많은 의미를 읽어냈다. 나의 눈치를 살피느라 애썼을 가족에게 미안하다. 하지만 그때는 나도 어쩔 수가 없었다. 내 경험상 좋은 동료, 의지할 수 있는 가족이 옆에 있어도 회사를 운영하는 한, 사장이 겪는 외로움, 고독감은 없어지지 않는다.

무한 책임의 무게

내가 사장은 무한 책임을 지는 사람이라고 느끼는 이유는 두 가지이다. 첫 번째는 사업에는 통제할 수 없는 변수가 너무 많기 때문이고, 두 번째는 실패에 대한 부담이 늘 따라오기 때문이다. 식품 가공업은 특별히 위생에 대한 부분을 신경 쓰지 않을 수가 없다. 생산한 제품에 아주 작은 이물이라도 들어가면 당장 회사 문을 닫아야 한다. 또한 내가 만든 제품이 유통망을 통해 판매되는 과정에서 파손되거나 변질될 위험이 항상 존재했다.

직원들 간의 갈등도 계속 생긴다. 중소제조업의 특성상 사람 구하기가 정말 어려운데, 누구 때문에 회사에 다니지 못하겠다느니, 누구랑은 같이 일 못 하겠다느니 하는 말이 들리면 심장이 바닥까지 떨어졌다 다시 제자리에 붙는 느낌이다. 거래처의 갑질도 나의 스트레스를 키웠다. 다짜고짜 전화해서 우리 직원에게 잔소리하는 개념 없는 사람들 때문에 속이 썩어 나갔다. 어떤 거래처는 3개월 동안 10+1행사를 하라는 무리한 요구를 했다. 게다가 평소 잘 돌아가던 기계도 한 번씩 말썽을 부렸다. 어느 때는 절대 이 타이밍에 고장 나선 안되는데 싶은 상황에 딱 맞춰 작동을 멈출 때가 있다. 이 모든 일들이 개별적으로 일어나도 수명이 한 달씩 줄어드는 느낌인데, 두세 가지 사건이 동시에 발생하면 기대수명에서 1년을 까먹는 것 같았다.

산책은 나의 해방구

친구들을 만나서 넋두리하면 나에게 묻는다. "야, 너는 그런 스트레스를 다 떠안고 어떻게 사냐?" 체질상 술은 마시지 못하고, 노는 것도 힘에 부쳤다. 내게도 살기 위한 해결 방법이 하나는 필요했다. 곰곰이 생각해 보니 미칠 것만큼 생각이 복잡할 때 내가 하는 행동이 있다. 산책이다.

사장이라는 위치는 나에게 남들과 다른 시간에 움직일 수 있는 융통성을 허락해 주었다. 이대로 가만히 앉아 있으면 죽을 것 같다고 느낄 때 나는 살기 위해 조용히 회사

밖으로 나왔다. 은행에 볼일을 보러 나가거나 배달을 가서 배회하다 돌아오는 식이었다. 산책하며 터질 것 같은 머리를 식히고 마음의 평화를 찾았다.

회사가 곤지암에 있을 때는 도자기공원을 자주 방문했다. 곤지암 도자기공원은 잘 꾸며진 인프라에 비해 사람들이 잘 찾지 않는 숨겨진 명소였다. 그중에서도 안쪽에 있는 생태학습장은 조용하고 한적한 곳이었다. 계단식 연못에는 연잎이 가득했고 한여름에는 영롱한 연꽃도 피었다. 졸졸 흐르는 물소리나 나무에서 떨어지는 잎사귀 소리가 주의를 환기할 뿐이었다. 연노란색의 넓은 연잎을 한참 동안 바라보면 마음이 차분해졌다.

집에서 걸어갈 수 있는 거리에 위치한 곤지암천 다리 밑도 자주 찾는 장소였다. 천을 들여다보며 물고기를 찾다 보면 시간가는 줄 몰랐다. 백로가 반짝이는 물고기를 꿀떡 삼키는 장면도 종종 보았는데 눈앞에서 자연 다큐를 보는 것 같은 착각이 들었다. 아는 사람이 없는 곳에서 시간을 보내며 식물과 동물을 관찰하다 보면 시름을 잊고 몸 안에 꽉 차 있던 독소가 어느 정도 빠져나갔다.

둘레길 걷기

아무도 걷지 않는 산길을 걷는 것도 좋았다. 산을 오르는 것은 육체적으로 힘든 일이라 자주 하진 못하지만, 산 주변에 조성된 둘레길을 걷는 것만으로도 힐링이 되었다. 자연이 주는 치유는 대단했다. 바람이 불어 땀을 식혀줄 때면 켜켜이 쌓인 불평과 불만도 함께 씻겨 내려갔다. 고요한 가운데 나의 발소리에 집중하며 걸으면 아무 생각이 나지 않는 순간이 찾아온다. 큰일이 난 것처럼 시끄럽고 분주하던 속이 가라앉으며 별일 아니었던 것이 되어버린다. 어떤 마음으로 산을 찾아갔든지 간에 돌아올 때는 평온하고 자연스러워져 있었다.

사람이 없는 곳에 가면 묘한 긴장감을 느낀다. 그래서 온 신경을 외부로 집중할 수밖에 없다. 작은 소리 하나도 놓치지 않고 예민하게 듣는다. 아무 소리도 들리지 않지만, 실은 모든 소리가 들어온다. 구체적인 생각이 떠오르진 않지만, 뇌가 활짝 깨어나서 변화를 받아들이고 해석하느라 바쁘다. 자연이 주는 긴장은 편안과 불안이 교차하는 정중동으로 나를 이끌었다.

조용한 곳에서 나만의 시간을 갖는 것은 또 다른 심리

적 유익을 주었다. 바쁘게 일하고 있는 세상 사람들과 분리되어 내가 원하는 시간에 여유를 가질 수 있다는 보상 심리가 그것이다.

물론 직장인도 짬을 내서 커피를 마시고 동료와 휴식을 취하지만, 절대적 고요함을 선택할 수 있는 자유는 쉽게 가질 수 없는 특권이다. 나는 산에 올라갈 때, 천변을 걸을 때, 누구에게도 방해받지 않고 천천히 걸으며 빡빡한 시간을 늘려 쓰는 듯한 만족을 느꼈다.

꼭 필요한 치유의 시간

이미 사장이라는 고독한 자리에 있으면서, 또 혼자 있으려고 어딘가로 가는 것은 아이러니다. 하지만 사람들과 함께 있을 때 오히려 고독했다. 고독을 적극적으로 파고들며 내가 경험한 것은 세상과의 단절이 아니라 연결이었다. 그저 살기 위해서 몸이 반응하는 곳으로 뛰쳐나갔을 뿐인데, 고독을 찾고 누리는 시간을 통해서 치유를 경험했다.

사람을 만나면 늘 나를 설명해야 했다. 현재의 심정을 말하기 위해서는 시간을 거슬러 과거를 되짚어야 했다.

설명하다가 막히면 적절한 언어를 찾거나 덧붙이느라 피곤함이 몰려왔다. 나의 심정을 이해하지 못하는 상대를 설득하며 종종 답답함과 자괴감을 느꼈다.

자연은 나에게 무언가를 설명하라고 하지 않는다. 그저 발걸음 소리를 듣고 나를 이해하는 것 같다. 그런 인내심 있는 자연 앞에서 나의 마음이 누그러지고 풀어졌다. 나는 최적의 스트레스 해소 법을 알고 있었다.

자영업자를 위한 한 인터넷 카페의 이름이 〈아프니까 사장이다〉라는 것을 보고 참 잘 지은 이름이라고 생각했다. 누구도 내 아픔을 대신 아파줄 수 없다. 진통제의 약효가 끝나면 고스란히 아픔이 몰려와서 감당해야 할 통증의 총량을 다 겪어야만 끝나는 것처럼, 사장의 아픔은 스스로 치러야 할 몫이다. 사장의 길을 계속 가기 위해서 자기만의 정신 건강 관리법을 찾기를 추천한다.

사장 DNA

사업에 맞는 DNA가 있다는 말을 믿지 않았는데, 요즘은 정말 그런 DNA가 있을 수도 있겠다고 생각한다. 밥상머리 교육이라는 표현처럼, 가족이 사업을 하면 어릴 때부터 사업가의 수완, 철학, 신조를 알게 모르게 배우게 된다. 후천적으로 개발되고 습득되기도 할 것이다. 어느 틈에 우리 집에서 일어나는 부모와 자녀의 대화 주제가 사업과 관련한 것이 많아졌다. 이 장에서는 내가 자녀들과 보내는 일상의 단면을 보여주며 세대를 넘어 사업의 의미를 전수하는 과정을 소개한다.

어느 날, 중학교 2학년에 올라가는 큰 아이가 물었다.

"아빠, 엄마는 언제까지 회사에서 일을 해야 해?"
"응… 아마 엄마는 죽을 때까지 하지 않을까?"

나는 한번 시작한 일에는 끝까지 최선을 다하는 아내의 성격을 알기에 그렇게 대답했다. 이어서 내가 아이에게 물었다.

"왜? 엄마가 일하는 게 싫어?"
"응. 사업하다가 망할 수도 있잖아. 사람들이 돈 달라고 찾아오면 어떻게 해?"

'엄마가 집에 있는 게 좋아서.'라고 답할 줄 알았는데 의외였다. 첫째는 다른 걱정을 하고 있었다.

"아빠, 드라마 보면 말이야. 사람들이 탐정까지 고용해서 돈 받아내려고 찾아오던데?"라며 사업이 잘 안되면 우리 집에 사람들이 찾아올까 봐 불안하다고 했다.

최근 아이는 드라마에서 등장인물이 운영하던 기업이 부도가 난 이야기를 접했다. TV의 영향으로 가족이 사업을 하는 것에 대해서 막연하게 불안을 느끼고 있다는 것을 감지하고 아이에게 안심을 주고 싶었다.

"우리는 이제 빚보다 돈이 더 많아서 걱정하지 않아도 돼."

"아빠, 그게 정말이야? 그럼, 빚 한 번에 다 갚아버리면?"

"빚을 다 갚는다고 좋은 것은 아니야. 그러려면 번 돈을 모조리 은행에 주어야 하는데 돈을 많이 번 만큼 세금을 많이 내야 하거든."

우리의 대화는 수익과 세금의 관계, 소득 구간별 세율, 재정의 흐름에 대한 이야기로 자연스럽게 이어졌다. 큰아이는 새로운 세상을 발견한 것처럼 흥미를 보였다. 다 이해하지는 못해도 그런 일들이 회사에서 벌어지고 있다는 것에 경의를 표하고 대화를 마쳤다.

꼬마 마케팅 전문가

둘째는 종종 새로운 마케팅 전략을 제시한다.

"아빠, 소보꼬를 우리 같은 어린이한테 많이 시식해 주면 어떨까요?"

"왜 그런 생각을 했어?"

"아니~ 애들이 먹어보면 살 것 같은데… 너무 맛있어서 이건 살 수밖에 없어요."

어른을 대상으로 판매 활동을 하는 현재 영업 전략을 수정해서 아이들 입맛을 공략해 볼 것을 제안하는 둘째의 말에 아내와 나는 한참 웃었다.

막내는 우리 회사에서 운영하는 유튜브 채널에 관심이 많다. 나와 아내가 홍보용으로 만드는 요리 콘텐츠를 빠짐없이 본다. 영어를 모르는 셋째가 어느 날 책을 보다가 이런 질문을 했다.

"아빠, 갈릭타이거 영상 다음 편 언제 나와요?"

"갑자기 왜?"

"이 책에 나온 사자 보니까 갈릭타이거 생각이 나요."

"사자를 보는데 왜 타이거 생각이 나?"

"사자가 타이거 아니에요?"

참고로 갈릭타이거는 특별한맛에서 수출용으로 만든 쌈장 브랜드이다.

가족 회사의 가정 풍경

아이들이 부모의 사업에 마음을 쓰는 게 고맙기도 하고 미안하기도 하다. 부모로서 아이들이 더 많은 꿈을 꾸도록, 적성을 찾도록 지원해 줘야 하는데 사업하느라 바빠서 그렇게 하지 못했다. 아내와 내가 같은 회사에서 일하니, 자연스럽게 퇴근 후 회사 이야기를 했을 것이다. 집에서도 회사 일을 논의하는 부모 밑에서 아이들은 알게 모르게 회사의 일원으로 자랐다.

부모가 무슨 일을 하는지 자녀가 다 알아야 하는 것은 아니지만, 부모가 얼마나 수고하고 있는지를 전혀 몰라서도 안 된다. 부모로서 나는 부족한 점이 많지만, 그 와중에 내가 사장이라서 아이들이 사업을 하는 것이 어떤 것인지 체감하게 되어 교육적 측면도 있었다고 생각한다. 나는 아이들에게 어떤 DNA를 물려주고 있는가? 생각해 볼수록 두렵고 떨린다. 아이들의 미래에 좋은 유산이 남길 기원하는 마음뿐이다.

모든 삶은 특별하다, 우리들의 회사도

우리 회사는 지난 몇 년 큰 성장을 했지만, 여전히 내일 무얼 먹고 살아야 하는지 고민한다. 나를 성공한 사업가라 볼 수도 없고 스스로 그렇게 생각하지 않는다. 성공의 경험을 늘어놓고 싶은 마음도 없다. 이 책은 성공담이 아니라 실패담 혹은 고생담이다. 특별한맛을 출산하며 죽다 살아난 이야기, 특별한맛을 키워내느라 좌절하고 후회하고 싸우고 다시 비틀거리며 일어선 이야기, 지금도 진행 중인 작은 공장 이야기이다. 성공한 이야기는 아닐지 몰라도 특별한 이야기임은 분명하다.

작은 회사를 운영하는 사장님들은 모두 특별한 이야기를 갖고 있을 것이다. 너무 힘들어서 특별하고, 너무 어려워서 특별하다. 뿌듯하고 기쁘고 행복해서 특별하다. 우리 회사의 이야기는 그중 하나다. 영세한 회사를 조금 덜 영세한 상태로 끌어올린 이야기가 사업의 통증을 온몸으로 감당하고 있는 이들에게 닿았으면 좋겠다.

이 글에서 나의 모자람을 그대로 담아낸 것은 누군가에게 이런 사람도 사장이 될 수 있다는 용기를 주고 싶어서이다. 나의 치부를 공개해서 누군가 힘을 얻을 수 있다면, 기꺼이 그런 응원을 보내고 싶다. 나와 같은 고충을 겪은 이들에게 괜찮다고 말해주고, 사장으로 사느라 고군분투한 나에게도 애썼다고 말해주고 싶었다.

책을 다 쓰고 나니 허무하다. 마치 어린아이가 소중한 것을 남기고 싶어 타임캡슐을 땅에 묻어두었다가 나이가 들어 꺼내보니 별 볼 일 없는 것들만 발견했을 때의 마음이 이럴 것 같다. 글을 쓰면서 나를 다시 발견했다. 내가 얼마나 겁이 많은 사람인지. 내가 얼마나 예민하고 상처를 잘 받는 사람인지. 기질과 다른 '사장'이라는 역할을 맡았으니, 나에게 사장으로 사는 것은 공포와 괴로움일

때가 많았다. 나는 사장으로서 겪는 상처의 깊이가 얼마나 깊은지 알지 못했다. 많은 사람들이 이런 압박 속에 살고 있다고, 적응하라고 스스로 세뇌했다. 문제는 사장으로 일하면서 동시에 나를 만들어 가다 보니, 회사를 경영하기 전에 나를 경영하다가 지쳐 버리곤 했다.

내가 지난 10년 동안 겪은 일은 하나님을 빼고는 아무것도 설명할 수 없다. 사업을 시작한 것, 아버지 밑에서 최저임금을 받으며 버틴 것, 창업을 시도하고 정부 지원금을 받게 된 것, 새로운 공장을 짓기로 결정한 것, 하수 종말처리장이 문제없이 해결된 것, 자살 충동을 견디며 신학교를 가게 된 것, 출시하는 아이템마다 시장에 안착하게 된 것, 공장을 이전한 지 5년 만에 빚의 부담에서 해방된 것 등 다 열거할 수도 없을 만큼 많다. 나는 기적을 체험하며 가장 어두울 때 내게 부어진 한 빛줄기를 따라왔다.

지금 특별한맛의 사장은 나의 아내이다. 이제 나는 '살아계신 하나님'을 전하는 일을 하며 새로운 삶을 살아보고자 한다. 새로운 도전 앞에 두려움을 느끼는 나를 인정하고 이해하고자 노력한다. 나를 비겁자로 보는 시선과도 싸워야 하지만, 이 선택을 밀고 갈 것이다. 사장이란 자리에 있으면서 깨달은 보석이 바로 고독과 친해지는 방법이다. 다른 사람이 이해하지 못해도 괜찮다. 더 이상 설명하려 애쓰지 않는다. 나는 설명을 줄이고 침묵하는 법을 배웠다.

할머니와 외할아버지가 가지셨던 돈에 대한 가치관을 내가 이어받은 것 같다. 만일 내가 돈이 최우선이라는 생각에 갇혀 있었다면, 회사가 잘 돌아가는 시점에 그만두고 내려올 결심을 하지 못했을 것이다. 돈이란 쌓아두고 있다가도 순식간에 사라지고, 한 푼도 없다가도 생겨나는 것이라는 것을 접해왔기에 한결 자유로울 수 있었다.

이제 새로운 출발선 앞에서 나는 어디로 가야 할지, 무엇부터 해야 할지 모르겠다. 그럼에도 나중에 어디까지가 있을지 기대가 된다. 아무것도 아닌 삶이지만 그런 삶을 통해 일하시는 하나님을 나는 안다. 아무것도 아닌 삶이 누군가에겐 특별한 삶이라고 인정해 주고 싶다.

아무도 내게 그런 말을 해주지 않았지만, 내가 살아온 삶은 나에게 너무도 특별하고 소중한 삶이었다. 사장의 기질과 배포가 없는 사람도 잘 살았다는 내용을 담은 이 책이 꼭 필요한 사람에게 닿았으면 좋겠다.

초보 사장의 특별한맛주식회사 경영기

발행일 2025년 4월 25일
지은이_지현준
편집기획_이보현
편집·디자인_염주희
표지디자인_센터미터밀리미터

발행처_인디펍
발행인_민승원
출판등록 2019년 01월 28일 제2019-8호
전자우편 cs@indiepub.kr
전화 070-8848-8004
팩스 0303-3444-7982
정가 15,000원
ISBN 979-11-6756692-8 (03320)